XIANJI NONGCHANPIN
ZHILIANG ANQUAN JIANCE JIGOU
SHIYONG SHOUCE

县级农产品质量安全检测机构实用手册

王党党 杨 雍 栗 婷 主编

西北农林科技大学出版社
Northwest A&F University Press

图书在版编目（CIP）数据

县级农产品质量安全检测机构实用手册 / 王党党，杨雍，栗婷主编. -- 杨凌：西北农林科技大学出版社，2024.1

ISBN 978-7-5683-1398-8

Ⅰ. ①县… Ⅱ. ①王… ②杨… ③栗… Ⅲ. ①县级经济—农产品—质量检验机构—中国—手册 Ⅳ. ①F326.5-62

中国国家版本馆CIP数据核字（2024）第031756号

县级农产品质量安全检测机构实用手册

王党党　杨　雍　栗　婷　主编

出版发行	西北农林科技大学出版社
地　　址	陕西杨凌杨武路3号　　邮　编　712100
电　　话	总编室：029-87093195　发行部：029-87093302
电子邮箱	press0809@163.com
印　　刷	西安浩轩印务有限公司
版　　次	2024年1月第1版
印　　次	2024年1月第1次印刷
开　　本	787 mm × 1092 mm　1/16
印　　张	14.25
字　　数	238千字

ISBN 978-7-5683-1398-8

定价：65.00 元

本书如有印装质量问题，请与本社联系

《县级农产品质量安全检测机构实用手册》编委会

主　　编：王党党　杨　雍　栗　婷

副 主 编：于世锋　王　婷　孙红艳　刘红梅　彭囿凯

邓　文　胡　草　陈联英　刘　君　任晓姣

任书瑶

参　　编：（以姓氏笔画排序）

马玉娥　王文思　王俊峰　代亚妮　白　健

齐高旺　闫金婷　李永宏　李　菁　汪庆华

张水鸥　张　佳　张星星　孟庆庆　贾　琦

晏　博　黄东亚　谢　乐

前　言

农产品质量安全是农业高质量发展的基础保障，是全面推进乡村振兴的重要支撑，是农业农村现代化的关键环节。加强农产品质量安全检测，对提高农产品市场竞争力，促进农业经济良好、持续、长效地发展，有重要的现实意义。

近年来，党中央、国务院高度重视农产品质量安全工作。以习近平同志为核心的党中央，对“十四五”规划和二〇三五年远景目标进行了擘画，突出强调了统筹发展和安全，对优先发展农业农村、全面推进乡村振兴作了全面部署，特别提出要“强化绿色导向、标准引领和质量安全监管”，农产品质量安全工作的主线则是“强监管、保安全、提品质、增效益”。深入贯彻落实习近平总书记“四个最严”“产出来”“管出来”等重要指示精神，要坚持统筹产业发展和质量安全，“守底线”“拉高线”同步推、“保安全”“提品质”一起抓，不断巩固农产品质量安全稳定向好态势，贡献农业农村高质量发展。目前，陕西省在省委省政府的正确领导下，通过全省农业系统的共同努力，已经形成了以省农业检验检测中心为龙头，西安等十个市级农产品质检中心为骨干，区县级农检中心和镇级农产品质量安全监管站为基础的体系框架，配套设施不断完善，检测设备不断升级，检测人员的专业能力不断提高，农产品质量安全管理体系不断健全，使得农产品质量安全检测工作得以有序、有效地开展。但是我们应该清楚地认识到，全省农产品质检体系仍处于建设阶段，尤其是区县农检中心成立时间短，镇级监管站多为加挂牌子方式组建，存在人员不足、人员不专等问题，检测人员的专业技能培训亟待加强。农产品质量安全检验检测是保障农产品质量安全的重要技术支撑，对发现问题隐患、开展风险预警、加强风险防控、组织风险评估和加强执法监管发挥着不可代替的作用。稳定和加强基层农产品质量安全检验检测体系，强化农产品质量安全检验检测技术支撑能力，既是抓好农产品质量安全的重要保证，也是落实中央关于确保农产品质量安全决策部署的重大举措。

本书分为九章，包括实验室一般要求、基础知识、常用仪器及基本操作、定量分析中的数据及误差、结果质量控制、速测、重金属元素分析、农药残留分析、检验报告的撰写。本书从强化操作技能、掌握实用技术的角度出发，重点介绍基层农产品质检人员从事检测工作必需的基础知识和操作技能，并结合工作实际对检测中遇到的问题进行了解析，每部分内容都增加了释义及注意事项，通俗易懂，对基层尤其是县级检测人员或相关专业人员有一定的参考价值。本书编写过程中参考了国林网各位专家的精彩视频，参阅了大量的标准和规范，书中内容如与相关标准、规范存在分歧，或有其他未尽事宜，以官方发布的最新文件为准。

限于编撰者的知识水平和能力，书中疏漏和不当之处，恳请各位专家同行不吝指正。

目　　录

第一章　实验室一般要求……………………………………………… 001

一、建设标准 ………………………………………………………… 001

二、结构和布局 ……………………………………………………… 003

三、实验室安全基础知识 …………………………………………… 008

第二章　相关基础知识………………………………………………… 012

一、化学试剂 ………………………………………………………… 012

二、标准物质和标准样品 …………………………………………… 017

三、溶液及标准溶液 ………………………………………………… 021

四、实验室用水、用气 ……………………………………………… 026

第三章　常用仪器及基本操作………………………………………… 030

一、玻璃仪器的洗涤和存放 ………………………………………… 030

二、容量瓶使用 ……………………………………………………… 033

三、电子天平及称量 ………………………………………………… 034

四、吸量管（移液管）的使用 ……………………………………… 037

五、pH及酸度计 ……………………………………………………… 038

六、电导率仪 ………………………………………………………… 040

七、其他器具及物品 ………………………………………………… 041

八、设备管理 ………………………………………………………… 042

第四章　定量分析中的数据及误差…… 049
一、数和数学符号 …… 049
二、测量数值 …… 051
三、量和单位 …… 055
四、误差的分类、来源及提高准确度的方法 …… 062

第五章　结果质量控制…… 065
一、常见术语和概念 …… 065
二、内部质量控制 …… 080
三、外部质量控制 …… 089
四、结果数据评价 …… 101

第六章　速测…… 105
一、速测卡法——蔬菜中有机磷和氨基甲酸酯类农药残留快速检测…… 105
二、分光光度法——蔬菜中有机磷和氨基甲酸酯类农药残留快速检测…… 108
三、农药残留快速检测技术关键点 …… 113

第七章　重金属元素分析…… 116
一、概述 …… 116
二、原子吸收法——土壤中铜、锌、镍、铬、铅、镉的测定 …… 120
三、原子吸收法——水中铅、镉的测定 …… 130
四、原子吸收法——植物性食用农产品中铅、镉的测定 …… 133
五、原子荧光法——土壤中总汞、总砷的测定 …… 137
六、原子荧光法——水中总汞、总砷的测定 …… 143
七、原子荧光法——植物性食用农产品中总砷的测定 …… 148
八、分光光度法——水中六价铬含量的测定 …… 151
九、重金属检测的技术关键点 …… 156

第八章　农药残留分析…… 161
一、概述 …… 161

二、抽样及试样制备 …………………………………………………… 164
三、气相色谱法——蔬菜水果中农药残留量的测定（NY/T 761）…… 173
四、气相色谱法——植物源性食品中90种有机磷类农药及其代谢物残留量的测定（GB 23200.116） ………………………… 179
五、液相色谱法——蔬菜和水果中10种氨基甲酸酯类农药及其代谢物多残留的测定（NY/T 761） ……………………………… 182
六、液相色谱法——植物源性食品中9种氨基甲酸酯类农药及其代谢物残留量的测定（GB 23200.112） ……………………… 185
七、液相色谱法——蔬菜水果中吡虫啉、啶虫脒、多菌灵等农药残留量的测定 …………………………………………………… 188
八、农残检测的技术关键点 ………………………………………… 190
九、农残技术大比武注意事项 ……………………………………… 194

第九章　检验报告的撰写……………………………………………… 202
一、检验报告的编制 ………………………………………………… 202
二、检验报告的审核 ………………………………………………… 203
三、检验报告的批准 ………………………………………………… 203
四、检验报告的盖章 ………………………………………………… 205
五、发放与归档 ……………………………………………………… 206

附录1　实验室档案清单 ………………………………………………… 209
一、总体要求 ………………………………………………………… 209
二、档案类型 ………………………………………………………… 209

附录2 ……………………………………………………………………… 212
一、县、乡、企三级农产品质量安全检验检测机构建设标准 …… 212
二、县级农产品质量安全检测机构设备配置清单及功能要求 …… 213
三、镇街农产品质量安全监管站设备配置清单及功能要求 ……… 215

第一章　实验室一般要求

一、建设标准

农产品质量安全检测实验室，是按照国家法律法规规定，依据国家标准、行业标准要求，以先进的仪器设备为手段，以可靠的实验环境为保障，对农产品生产（包括农业生态环境、农业投入品）、农产品质量安全和营养品质实施科学、公正的监测、鉴定、评价的技术保障机构。农产品质量安全检验机构是农产品质量安全工作的主要技术支撑，是政府实施农产品质量安全管理的重要手段，承担着为政府提供技术支撑、技术服务和技术咨询的重要职能，在提高农产品质量与安全水平方面发挥着关键和核心作用。加强农产品质量安全检测机构建设，对于确保农产品消费安全、促进农业结构战略调整、提高农产品市场竞争力和调节农产品进出口贸易等有十分重要的意义。

农产品检测实验室建设可参照下列标准实行：NY/T 224—2012《地市级农产品质量安全监督检验检测机构建设标准》、NY/T 2245—2012《县级农产品质量安全监督检测机构建设标准》。实验室设计和建设要求如下。

（一）设计原则

1.安全性原则

应充分考虑安全性要求，满足紧急清除和疏散出口的建筑规则，针对各实验室情况，配备必要的安全设备。

2.操作顺畅原则

实验室一般按照操作流程进行布局，从样品领取、试验准备、样品处理制备到仪器分析全过程流转，尽量减少人员来回往返、相互交叉等情况。

3.防止交叉污染原则

主要是指常量分析与微量分析的分区布局、避免交叉污染。有条件的可以分楼层布局，条件不具备的，常量区与微量区可以用试剂室、标准物质室等公用功能室进行分段隔离。

4.功能突出原则

实验室各功能区层次清楚，试验功能明确，结构、比例协调。既能充分利用试验区空间，又能有效发挥应有功能，达到节约资源、便利顺畅、紧凑协调、相互呼应、互为一体的要求。

5.长远性原则

实验室布局设计要能适应未来发展变化的需要，预留出一定发展变化的空间，不至于因发展而引起实验室大的布局调整。

（二）环境要求

1.通风

由于实验操作过程中经常会产生有毒有害气体，长时间接触对实验人员身体不利。为了防止实验室工作人员吸入有毒的、可致病的或毒性不明的化学物质和气体，实验室应有良好的通风设备，必要时应安装空调。通风设备有：通风橱、万能排气罩、换气扇或局部通风装置。

2.湿度和温度

实验室要求有适宜的温度和湿度。室内的小气候包括温度、湿度和气流速度等，对在实验室工作的人员和仪器设备均有影响。夏季的适宜温度是18~28 ℃，冬季为16~26 ℃，湿度在30%（冬季）~70%（夏季）之间为宜。调节温、湿度常用的设备为空调、加湿器等。

3.洁净度

经常保持实验室的清洁是非常重要的。室外大气中的尘埃，借通风换气会进入实验室，实验室内含尘量过高，空气不净，不仅影响检测结果，而且会造成设备线路短路或其他潜在危险。保持实验室洁净度应注意及时关闭门窗，经常打扫卫生，大型仪器室也可以采用加设双层窗户等做法。

4.消防安全和环保

实验室严禁烟火，应有畅通的消防通道；配备必要的消防设施（消防喷淋、消防沙、灭火器，大型仪器配置灭火毯）；电路负荷及布局合理，杜绝火灾隐患。按法律法规要求处置废气、废液、废渣及试剂药品包装，确保实验室产生的废物不对周围环境造成污染。

二、结构和布局

充足的实验室面积和良好的实验室布局是为农产品检测提供安全、规范、适宜、方便的设施和环境条件的重要前提。由于实验室规模和生物安全等级的不同，布局设计也各有不同。进行实验室布局设计时，要对关键操作区域和设备的位置及其与周围区域的关系予以确定。布局设计是电、气、水、风、环境控制设施等设计的前提，有些设备可能需要特殊的环境条件，有些设备放置的位置也有相应的要求。

（一）需要考虑的因素

1.实验室整体规划要和所承担的检验任务匹配

首先要明确实验室的检验检测目标和检测范围。例如，仅针对种植业产品检测的实验室就没有必要具备检验兽药残留的检测功能。因此，实验室建设的首要问题是明确检验目标和细化具体检测内容，根据这些内容制定出整体规划，这是实验室建设的基础。

2.根据实验室目标和规划选择技术和标准

每一项检测内容都需要依托相应的技术手段，需要符合特定的技术标准。根据检测内容选择技术、规范和标准是实验室的建设核心，离开了技术和标准依据，实验室就失去了应有的价值。

3.根据技术、标准选择仪器设备和试验条件

包括仪器选型、实验室改造、试剂选择、前处理和其他辅助性设备的选择等。基本原则是所选仪器设备应具备与其功能定位和能力要求相适应，并考虑配备仪器设备的先进性、可靠性、适应性和科学性。在实际工作中，大部分技术、标准都规定了所使用的设备，对前处理和相关辅助设备也给出了参考。可

以说，实验室设备的选择是在实验室技术选择的基础上实施的。实验室检测能力的建立，实验室设备发挥着关键作用，是实验室建设的重要硬件组成。

4.实验室的人才队伍建设

包括实验室管理人员、检测人员、技术和质量控制人员、仪器维护人员以及技术开发人员等。人员的数量要满足实验室运行需要，县级不少于5人，其中中级职称以上人员比例不低于40%，应配备与检验工作相适应的管理人员和技术人员。不同类型的实验室可能还需要其他类型的工作人员，比如经营性检验机构为了更好地发挥对外服务功能，还应该考虑客户服务人员等。实验室人才队伍的实力是随着实验室发展而不断提高的，因此实验室人才队伍建设除了配备必需的技术和管理人员外，还应该重视人员培训，促进其技术能力的提升。

5.要有明确的实验室管理机制和运行策略

实验室运行机制涉及的人员、财务、分工、职责等要素，需要有机地结合起来，才能发挥实验室的综合效用。

（二）布局要求

农产品安全检测实验室分析的对象主要是残留农药、残留兽药、重金属元素、微生物等。围绕上述分析对象，根据功能不同，实验室功能区的建设布局要求如下。

1.业务综合区

业务综合区的布局既要方便客户，同时又要注意对其他客户的资料进行保密。应设置接样室、办公室、档案室。

接样室负责样品的接收、报告的发放等业务，应配置必要的接样台、秤、沙发等。

办公室负责检测任务的下达、报告的编制、来访人员接待、办公和学习等，应配置报告编制打印、文件资料柜等办公设备。

档案室负责存放人员档案、仪器说明、检测报告等资料，应配置档案柜，同时配置必要的消防和防潮设施。

2.样品、耗材区

该区应设置样品贮存室、化学试剂室、标准品室。

样品贮存室要配备足够的样品冷藏（冷冻）柜，根据其总功率，足额配备用电负荷，要通风良好。

化学试剂室应低温、通风、避光，最好选择阴面的房子，灯具、开关等应具备防爆功能，还应配备消防设施；易制毒试剂要配备保险柜，实行双人双锁管理。

标准品室要配备冷藏（冷冻）冰箱，便于存放标准品和标准溶液。

3.配套功能区

该区应设置天平室、电热室、小型仪器室、废弃物存放室。

天平室应干燥，并具防尘、防震措施。天平室应有双层玻璃和窗帘，有恒温恒湿系统，天平台必须稳固防震，天平台放置必须离开墙壁1 cm，可购置防震型天平台或砖砌大理石台面。

电热室全部配置大功能电热设备，应足额设计电路负荷，最好进行独立控制。如果有隔断，最好采用防火材料。

小型仪器室应有足够的电源插座，最好安装稳压装置，配置足够的边台，台面为耐热、耐酸碱、耐有机溶剂腐蚀的材料，并配备水池。

废弃物存放室应设置在背阴处，避光、通风良好，还应配备消防设施。

4.辅助参数检测区

辅助参数检测区主要承担农产品感官检测，水分、酸碱度等辅助参数检测，可根据仪器设备和检测的参数灵活设置。

感官室要满足感官检测标准中对房间光线的要求。

其他实验室可根据仪器设备的要求配备足够的电源插座，最好安装稳压装置，配置足够的边台、水池。

5.速测区

根据需要，应设置农药残留速测室和兽药残留速测室。

农药残留速测室主要放置农药残留速测仪及其配套的天平、样品处理设备、旋涡混合器等小型设备，应配备实验边台、水池和足够的电源插座。

兽药残留速测室主要放置兽药残留速测仪、酶标仪及样品处理设备等小型设备，应配备实验边台、水池和足够的电源插座。

6.样品前处理区

样品前处理区主要用于定量检测样品的提取、浓缩、净化等处理过程，分为有机前处理室和无机前处理室。有机前处理室主要放置食物料理机、匀浆机、旋转蒸发仪、氮吹浓缩仪、恒温水浴锅、固相萃取仪等前处理设备，设备多，要求高。无机前处理室主要放置微波消解仪、电热板、振荡器等设备，要求配备通风橱、水池、洗眼器，通风良好，试验台耐酸碱。

样品前处理室最好为大开间房子，配备中央实验台和边台。水、电、气布局合理，根据使用的设备种类、数量配备足量的电源插座。水池设计应充足并配备洗眼器，便于实验操作，地面应有地漏，防倒流。应配备独立通风设施，主要用于处理样品的加热、氮吹等有机溶剂的蒸发，通风橱一般以3~4 m长为宜。同时，整个操作区应有通风、排气、温度控制设施，应有气瓶柜，用来放置前处理所需的氮气瓶，产生的废气应通过通风橱排至室外并有废气处理设施，有条件的实验室还应配备紧急冲洗器。

7.主要仪器区

主要仪器区应设置色谱室、光谱室。

所有大型仪器室应具备一定的防尘、防噪、防强光措施，可装配双层窗户，安装窗帘；安装空调，控制温、湿度。同时，仪器室不得设置水源；大型仪器要求提供稳压、恒流、稳频、抗干扰的电源，必要时配备不间断专用电源（UPS）等。排放废气（气相色谱仪）及使用挥发试剂（液相色谱仪）的仪器，应配备排风设施，最好为万能排风罩。气相色谱室应设置气瓶柜，气瓶柜应具有防爆、泄漏报警功能。氢气瓶要单独放置（易爆燃气体），所有气瓶应固定在地面。仪器操作台应坚固耐用，实验台的放置应与墙面保持至少40 cm的距离，便于仪器的维护与维修。

释义及注意事项：

1.工作场所能确保检测结果的有效性和准确性，非固定场所应特别关注。

2.专用的检测工作场所，仪器设备应按照分类相对集中放置，便于使用和管理。如可把色谱类仪器放置在一个房间，光谱类仪器放置在一个房间。

3.有影响或有交叉污染和对人体健康或人身安全有潜在影响的区域应有隔离措施。

4.设施包括但不限于能源、照明（采光）、采暖、通风等，应保证有利于正常进行检测工作的质量，且符合安全要求。这些设施应满足相关技术规范或标准的要求，避免影响检验检测结果的准确性。同时这些设施还应确保检验检测机构场所的安全性和检验检测人员的安全以及公共安全。

5.仪器设备布局要合理，消化炉与制水机、原子吸收与气相色谱不能放在一起。气相色谱（ECD和FPD）和质谱机械泵产生的废气应排出室外，液相色谱流动相的蒸气也应排出室外。仪器设备应装有地线，接线板应架离地面。

6.当相邻区域的工作活动不相容或相互影响抑或存在安全隐患时，检验检测机构应对相关区域进行有效隔离（包括空间隔离、电磁场隔离和生物安全隔离等），并采取有效措施消除影响，防止相互影响、交叉污染和产生安全隐患，并有相应的应急处理措施。

7.对影响工作质量和涉及安全的区域和设施应进行有效控制并正确标识。

8.精密电子仪器设备不能和对其有影响的设备放在同一房间内。

9.有高电压的区域，要有明确的标识，一旦发生危险情况，要有应急的处理措施。

10.应配置相应的喷淋器、洗眼器等应急设施。

（三）仪器设备配备

仪器设备配置应满足辖区内农产品质量安全日常性检测工作量及开展主要农产品监管、培训、突发性事件的应急处理、采样等实际需要。坚持先进、实用、配套的原则，更新、配置部分高精密仪器设备，使精度和量程能够满足新形势监管的需要。

1.配备原则

（1）应具备与其功能定位和能力要求相适应的检测仪器设备，并考虑配备仪器的先进性、可靠性、适应性和科学性。在同等性能情况下，优先选择国产仪器设备。

（2）主要以开展现场快速检测、指导地方农业生产为目的，宜配备农产品安全检测、农业生产和农业生态环境监测所需的基本设备，以样品前处理、快速检测仪器和移动检测设备为主。若需开展优势农产品监管，宜进一步配备定量检测和确证性检测设备。

2.配备要求

（1）仪器设备基础配置见附录2，其他未列出的检测仪器设备、辅助设备等根据有关规定和实际情况确定。

（2）实验室的实验台柜、档案柜、陈列柜等根据需要购置。

（3）实验人员工作用办公设备、培训用设施设备等根据需要进行合理配置。

三、实验室安全基础知识

（一）实验室荷载

实验室在建设或改造时，应考虑实验室的核载能力。在设计仪器布局时，应考虑仪器重量、试验台、机械泵、计算机、不间断电源等设备的质量。

（二）试验台要求

试验台与大型设备的布置应尽量不妨碍试验人员工作或避免实验室其他工作人员遭受危险。

（三）电的要求

（1）仪器设备用电和照明用电应分设线路，电梯用电与仪器用电也应分开。

（2）实验室因有消解、烘干、通风等方面的要求，所以电功率较大，远大于一般的办公用电。供电率应根据用电总负荷设计，并留有余地。

（3）电源应采用“三相五线制”预留电缆，中性线和接地线不能混用。实验室应有单相和三相电源；整个实验室要有总闸，各个单间应有分闸。对于高功率大型仪器设备应直接连到空气开关上。精密贵重仪器设备应配备不间断电源（UPS）等。

（四）供水与排水要求

实验室应该有供排水装置，排水装置最好用聚氯乙烯管，接口要密封良好。化学检验试验台都应尽可能安装水管、水龙头、水槽、紧急冲淋器、洗眼器等。地面要有反渗地漏。实验室的一般废水无须处理就可排入城市下水网道，而实验室的有害废水必须单独收集，净化处理后方可排入下水网道或由专门机构回收处理。

（五）通风要求

（1）实验室应有足够的排风设施，以保护检测人员身体健康和仪器设备安全。实验室气体污染物量少时，可直接排出室外，但不能侧排，一定要顶排，且要求排出管高度要高出附近房顶3 m左右。

（2）实验室通常使用局部排风系统，如通风柜、局部排风罩。局部排风罩在产生气体的上方设置，可360° 旋转调节方向。局部排风罩（万向排风罩）一是用于液相色谱仪，因为液相分析时流动相主要是甲醇和乙腈，其气体对人有害；二是用于气相色谱仪，如ECD检测器中含有放射性物质，对人体会造成一定的危害。原子吸收分光光度计、原子荧光光度计、等离子发射光谱仪和等离子发射光谱质谱仪在工作时都会产生酸气和高温，所以要使用耐高温的不锈钢排风罩，并且不锈钢排风罩要带手动操作杆，可调节导风管的阀门。

（3）通风柜的数量和质量，要能满足检测工作的需要，有机前处理（除称量外），都需要在通风柜中进行。有机和无机通风柜的安装通风量应满足要求。无机通风柜一定要防酸腐蚀。

（4）实验室废气排放包括无机处理产生的酸气、有机处理产生的废气和仪器工作时产生的废气（如质谱仪机械泵产生的废气、气相色谱仪电子捕获检测器排出的废气）必须排出。

（5）有机和无机的排风管道一定要分开，避免在排风过程中易燃易爆有机试剂与强氧化性无机试剂在管道内混合发生爆炸。有机试剂易燃，无机前处理一般需加热，两者混在一起易发生爆炸。

（6）有机、无机排风管道应使用不同的材料，以减少试剂腐蚀，延长使用寿命。

（7）气瓶间、样品库、化学试剂存放室需要考虑避光、温度控制和加大换气次数，挥发性较强的样品和试剂建议存放在带排风功能的试剂柜里。

（六）气体安全要求

（1）实验室使用的压缩气体钢瓶，应保持最少的数量，必须牢牢固定，防止倾倒，绝不能靠近火源，不能直接日晒或置于高温房间等温度可能升高的地方。易燃易爆气体（氢气、乙炔）和氧气（或空气）不能放置于同一区域，应单独存放，以防泄漏，发生火灾。

（2）气瓶室内氧化性气体和还原性气体不能放在一起，气瓶室要保持良好的通风，危险性气体每小时换气3次。隔墙应是防火墙，门为防爆门，室内的电器设备要求有防爆功能。气瓶内气体耗尽时应有报警。气瓶室内应安装气体泄漏检测报警装置，防止气体泄漏。

（七）消防安全要求

实验室每个房间和楼道都需配备消防装置，沙箱、灭火毯、灭火器应放在位置明显、便于取用的地点，且不影响安全疏散，实验室不宜使用水进行消防喷淋，也不能使用泡沫灭火器，应选择二氧化碳灭火器，消防器材应完好且在有效期内。

释义及注意事项：

1.应配备与检测工作相适应、数量足够的消防设施。

2.仪器室不要选择干粉和泡沫灭火器。

3.消防器材应完好且在有效期内，放置地点应固定并有明显标识，灭火器应放在位置明显、便于取用的地点，且不影响安全疏散。

4.灭火器的摆放应稳定，将铭牌朝外，灭火器箱不得上锁。

5.应当制定灭火与应急疏散预案，定期或不定期开展消防知识培训和演练，紧急情况发生时，确保能正确使用消防器材。

（八）实验室人员防护要求

（1）实验室内个人防护装备的最低要求是穿着长袖实验服和封闭性的鞋子，应根据所进行的试验类型选用适合的防护服和防护装备，禁止在实验室内喝水、吃食物、化妆、佩戴隐形眼镜，禁止穿拖鞋。

（2）对于产生噪声、影响实验人员身体健康的工作空间，如质谱需要抽真空的机械泵和分子涡轮泵工作时会产生很大噪声，应采取有效隔离手段，使操作人员和噪声源分离。

（九）实验室防护措施及配套设施

实验室应设置被动防护措施，如洗眼器、喷淋装置、消毒盥洗设施等，并置于最方便、最显眼的位置，确保随时可以使用。实验室应配备医用急救箱，并培训所有人员掌握使用方法。

（十）实验室化学试剂存放

（1）化学试剂存储场所应有通风换气设施，避免阳光直射，按照化学试剂类别及存储条件的不同，置于相应的房间或存储柜分类存放。

实验室内存放的药品和试剂数量不宜过多，满足近期实验需要即可，危险化学品及易制毒试剂的数量应保持最小量，并与其使用量和保存期限相对应。

（2）易燃易爆品、易制毒化学品应单独存放于阴凉通风处，且有通风设施，双人双锁以保证安全。挥发性较强的样品试剂建议存放在带排风功能的试剂柜里，远离热源。

（十一）实验室废物标识

实验室在正常的检测过程中会产生危险废液、危险固废及其他污染物。各类实验室危险废弃物应按废弃物类别配备相应的收集容器，并粘贴相应的危险废弃物标签，写明废弃物名称、主要成分及特性，并保持清晰醒目。同时，危险废弃物应收集放置在固定场所，进行适当的隔离，并暂时收集和存放以便运输和处理，避免污染环境和危害人员健康。

（十二）实验室安全工作行为

（1）确保消防逃生通道时刻畅通；对潜在危险源时刻保持高度警惕；从事某项实验前，了解该项操作的潜在危险源，并掌握相应的安全预防措施；将所有的实验物质都视为有害，除非已确定其是安全的。

（2）在实验室工作区域内只储存所需的最少量的化学品，无论化学品浓度的高与低，接触化学品后都需清洗接触过的皮肤，离开实验室前应洗手。

（3）禁止在实验室内准备、处理、储存或消耗个人使用或者食用物品；实验室中使用的冰箱、冷柜、烘箱和微波炉上应标明严禁用于个人制作食物或饮料。

第二章　相关基础知识

一、化学试剂

（一）分类

常用化学试剂一般分为四个级别。

一级品（优级纯，又称保证试剂）：用G.R表示，贴绿色标签，适用于精密分析，也可用作基准物质用。

二级品（分析纯）：用A.R表示，贴红色标签，适用于鉴别及杂质检查等。

三级品（化学纯）：用C.P表示，贴蓝色标签，适用于工矿日常分析用。

四级品（实验试剂）：用L.R表示，贴棕、黄或其他颜色标签，分析工作中一般用作辅助试剂，如配制洗液等。

此外还有基准试剂、色谱纯试剂、光谱纯试剂等。

基准试剂：纯度相当于或高于保证试剂，通常用作容量分析的基准物质，称取一定量基准试剂，一般可直接配制成滴定溶液，不需要标定。

色谱纯试剂：用于色谱分析。

光谱纯试剂：用S.P表示，用于光谱分析。

质谱纯试剂：用于质谱分析。

生物试剂：用于生物实验。

超纯试剂：又称高纯试剂。

用于农残分析的有机试剂也称农残级试剂。

（二）贮存

（1）化学物品应集中分类放置，并且建立进出库登记台账。化学品应按照各种化学试剂的化学性质分类保管，性质稳定的固体盐类可按照阴离子或阳离子分类，分开摆放，防止交叉污染。氧化剂和还原剂应分开放，取用后及时放回原处。

（2）化学试剂在贮存过程中要根据试剂的物理化学性质，排除由于空气、温度、光照、杂质含量等影响，采用合适的贮存条件，保证化学试剂在贮存中不变质。

（3）易燃易爆类的试剂要求单独存放于阴凉通风处，最高室温不超过30 ℃。

（4）毒类的试剂应保存在专用的试剂柜中，建立双人登记签字领用制度，以及使用、消耗、废物处理制度。皮肤有伤口时禁止使用这类物质。

（5）强腐蚀类的试剂要求存放于阴凉通风处，并与其他药品隔离放置，料架应选用抗腐蚀性的材料，不宜过高，最好放在地面上。

（6）易制毒化学品管理按照《易制毒化学品管理条例》中规定的要求进行管理。确保易制毒化学品不流入实验室之外。不宜存放过量的此类化学品，出入库应当有接收、领用记录。检测室不宜一次性领用过多的此类化学品。

（7）腐蚀性材料最好有单独的存放区，比如硝酸、盐酸、高氯酸、氢氟酸等，存放区应满足：架子距离地面建议不超过1 m，墙壁、地面需涂刷能阻止化学品侵袭的防腐涂层并设置警告牌。

释义及注意事项：

1.参照GB/T 27476.1《检测实验室安全》中第1部分总则。

2.化学试剂储存库原则上不能与实验室放在一起，应在实验区域外单独建立。

3.化学试剂在贮存过程中要采用合理适当的贮存条件，药品柜不能带玻璃门，避免化学试剂及其容器被阳光直射，防止药品和试剂的分解。

4.如没有条件单独设置，实验室内的药品和试剂数量则不能太多，满足近期试验需要即可。危险化学品的数量应保持最小量，并与其使用量和保存期限相对应。

5.不相容的化学品应分开存放，需有预防措施，防止不慎接触或混合。

6.化学试剂储存场所应有通风换气设备，确保保管、领用人员身体健康。所有试剂应建立购置、入库、领用和批准的记录。

7.易燃易爆品、易制毒化学品应单独存放，要有通风设施，保证安全。

8.挥发性较强的样品和试剂建议存放在具有排风功能的试剂柜里，并远离热源。

9.溶液试剂不能放在容量瓶中置于冰箱中储存。

10.易制毒化学品分为三类：第一类是可以用于制毒的主要原料，第二类、第三类是可以用于制毒的化学配剂。第二类包括：苯乙酸、醋酸酐、三氯甲烷、乙醚哌啶；第三类包括：甲苯、丙酮、甲基乙基酮、高锰酸钾、硫酸、盐酸。

11.易制爆化学品：高氯酸、高氯酸盐及氯酸盐；硝酸及硝酸盐类；过氧化物与超氧化物硝基化合物，燃料还原剂类：金属、硼氢化钾、硼氢化钠等；高锰酸钾、高锰酸钠。

12.易制毒和易制爆化学品应分别单独存放，存放的试剂柜应上锁，并进行标识。有机的易制毒和易制爆化学品与无机的易制毒和易制爆化学品应分别存放。试剂库的照明装置、空调、插座都应是防爆的。

13.放置在架子上的化学品应遵循以下要求：

（1）对置于工作台上的样品架，化学品存储高度建议不高于地面1.6 m。

（2）样品架及其构造应便于化学品的存储，或者利于化学品的保护；不推荐刨花板或类似板材。因其受潮或遭遇化学物品时易损坏而产生危险。

（3）不应超过试剂架的最大允许存储量。

（4）用于存储试剂的试剂架严禁横向移动。

（5）为减少污染风险，液体样品应置于固体样品下方存放，且液体样品应存放得尽可能低，从而降低容器破裂和泄漏的危险。

（三）使用原则

（1）取用化学试剂前应检查试剂的外观，注意其生产日期，不能使用失效的试剂，如怀疑试剂有变质的可能，应经检验合格后再用。使用中要注意保护瓶上的标签，如有脱落应及时贴好，如有损毁则应照原样补全并贴牢。

（2）取用液体只准倒出使用，不得在试剂瓶中直接吸取，倒出的试剂不可再倒回原瓶中，倾倒液体试剂时应使瓶签在上方，以免淌下的试剂腐蚀瓶签。

（3）取用固体试剂时应遵守“只出不回，量用为出”的原则，倒出的试剂有余量者不得再倒回原瓶，所用的药匙应清洁干燥，不允许一匙多用。

释义及注意事项：

试剂使用时除对其进行外观检查外，每批试剂还应在使用前按照相应检验方法的要求进行技术验收，排除试剂对检测结果的干扰，如有必要应进行处理后再使用。

（四）化学试剂等级的选择

1.化学试剂等级的选择

化学试剂等级可根据相关标准中的规定要求来选择，也可根据检测项目来决定。如：定量测定农兽药残留，由于残留量很低，试剂的质量会影响检测结果，因此应选用优级纯、色谱纯等级的试剂；测定微量或痕量重金属元素应选择优级纯试剂；测定植物蛋白质选择分析纯试剂即可。

2.有机试剂等级的选择

有机试剂的等级分为色谱级、优级纯、分析纯，都经过了蒸馏和0.45 μm滤膜的过滤（除纤维毛、未溶解的机械颗粒）。优级纯的纯度比分析纯大，但里面含有防腐剂和抗氧化剂，色谱级不仅经过0.2 μm滤膜的过滤，且除去有紫外吸收的杂质。

3.无机试剂等级的选择

无机试剂的等级分为优级纯或光谱纯，如有条件也可以使用MOS级（电子工业用高纯试剂）。

释义及注意事项：

优级纯的硝酸中有很高的铬空白，而分析纯的双氧水中有很高的锡空白，优级纯和高纯的硝酸中含有较高的镉、汞和铅，而不同纯度的双氧水中镉、汞和铅的空白相差不大。

（五）试剂的配制

试剂的配制是实验室工作中最基本的工作，但如果不理解试剂含量的表示方法，往往容易配错。

盐酸溶液（10%，质量分数）：量取240 mL盐酸，稀释至1 000 mL。计算质量分数时，要考虑到盐酸的密度和浓度。

盐酸溶液（10%，体积分数）：量取100 mL盐酸，稀释至1 000 mL。

盐酸溶液（10%，体积比）：量取100 mL盐酸，加到1 000 mL水中。

盐酸溶液（100+1 000）：量取100 mL盐酸，加到1 000 mL水中。

在硫酸溶液配制时，一定要缓慢将硫酸加入水中，不能将水加到硫酸中。配制时，应采取冷却措施，边搅拌边缓慢混合，防止液体喷溅、溢出。

硝酸银溶液（17 g/L）：称取1.7 g硝酸银，溶于水中，稀释至100 mL，贮存于棕色瓶中。

有些溶液要避光保存，如硫酸亚铁，由于其易氧化，要现用现配。

释义及注意事项：

1.这里提到的盐酸就是浓盐酸，浓盐酸稀释后是盐酸溶液，没有浓盐酸、稀盐酸一说。

2.量取体积＝配制的浓度×1 000 mL/（密度×盐酸的浓度）

3.参照GB/T 20001.4中如果由一种特定溶液稀释配置，按下列方法表示：

稀释$V_1 \rightarrow V_2$表示，将体积为V_1的特定溶液稀释为总体积为V_2的最终混合物，这是体积分数。

V_1+V_2表示，将体积为V_1的特定溶液加到体积为V_2的溶剂中，这是体积比。

二、标准物质和标准样品

（一）标准物质（RM）

1.定义

1992年，国际标准化组织标准物质委员会颁布了《国际标准化指南30（第二版）》，将标准物质定义为：具有一种或多种足够均匀和很好确定的特征值，用以校准仪器、设备，评价测量方法或给材料赋值的材料或物质。

标准物质从定义可以看出标准物质具有三个显著特点：

（1）具有特性量值的准确性、均匀性、稳定性。

（2）量值具有传递性。

（3）实物形式的计量标准。

2.有证标准物质（CRM）

1992年《国际标准化指南30（第二版）》对有证标准物质定义为：附有证书的参考物质，某一种或多种特性量值用建立了溯源性的程序确定，使之可溯源到准确复现的表示该特性值的测量单位，每一种附证的特性量值都附有给定置信水平的不确定度。

释义及注意事项：

1.有证标准物质是经国家计量行政主管部门批准发布，附有“标准物质证书”并经溯源的标准物质，是实物计量器具的一种。

2.标准物质证书是介绍标准物质的技术文件，是向用户提出的质量保证。在证书中一般有如下基本信息：

（1）标准物质名称及编号。

（2）研制和生产单位的名称、地址。

（3）包装形式。

（4）制备方法。

（5）特性量值及其测量方法。

（6）标准值的不确定度。

（7）均匀性及稳定性说明。

（8）储存方法。

（9）使用中的注意事项及必要的参考文献。

3.非有证标准物质是未经国家计量行政管理部门审批备案的标准物质，称为非有证标准物质。

非有证标准物质包括：检验检测机构或实验室自行配置的标准溶液、标准气体、自己研制使用的参考（标准）物质、内控样品或称为质控样品、校准物、标识为SB的标准物质、标识为BW的标准物质（BW的标准物质是未经国家计量行政主管部门批准，没有取得有证标准物质号）以及国外经ISOguide34、ISO/IEC17025等授权以及国内外相关资质的生产商所提供的标准物质等。

3.标准物质和有证标准物质的区别

标准物质没有经过定值，没有定值数据发布。标准物质的定值必须追溯到国际单位的基本量，标准物质可以是纯的或者混合的气体、液体或固体。而有证标准物质一般成批制备，其特性值是通过对代表整批物质的样品进行测量而确定，并且具有规定的不确定度。有证标准物质应符合“国际通用计量学基本术语”中给出的“计量基准、标准”的定义。

4.标准物质的等级

标准物质的特性值准确度是划分级别的依据，不同级别的标准物质对其均匀性和稳定性以及用途都有不同的要求。通常把标准物质分为一级标准物质和二级标准物质。代表符号分别是GBW和GBW（E）。

一级标准物质：其定值准确度高，主要用于评价标准方法、仲裁分析、为二级标准物质定值，是传递量值的依据，稳定性在一年以上。

二级标准物质：准确度低于一级，但能起到量值传递作用，能满足一般测量的需要，稳定性在半年以上。

一级标准物质主要用于标定比它低一级的标准物质、校准高准确度的计量仪器、研究与评定标准方法；二级标准物质主要用于满足一些一般的检测分析需求，以及社会行业的一般要求，作为工作标准物质直接使用，用于现场方法的研究和评价，用于较低要求的日常分析测量。

5.标准物质的采购

标准物质一般应向有资质证书的较大型公司采购，且能够提供相应的证书。质量保证的模式通常有：

（1）获得国家标准物质生产许可证。

（2）有计量部门出具证书标明其级别和不确定度。

（3）出厂期不超过一年（或者在质保期内）。

（4）符合国家或者行业标准的且附有质量合格证明的实物标准。保证所采购标准物质的品质、纯度符合检测结果的需要，防止误用质量不好、含有异构体的标准物质，而最终影响检测结果的准确度。

6.标准物质的验收

标准物质的验收内容包括品名与购买要求是否一致；包装、外观是否正常；标识是否清晰、完整；有无证书；是否在证书声明有效期内等。标准物质购买后应造册登记，登记内容包括：名称和编号、研制和生产单位的名称、规格、数量、成分、标准值的不确定度、生产日期、有效日期、用途、贮存要求。

7.标准物质期间核查

（1）标准物质核查。未开封的标准物质免核查。对于开封的标准物质，应检查标准物质是否在有效期内、保存条件是否符合要求，容器是否有损伤，标准物质有无变色、结块等现象。

（2）储备溶液及标准滴定溶液核查。检查储备液及标准滴定溶液是否在有效期内，保存条件是否符合要求，容器是否有损伤，溶液有无沉淀、变色等现象。必要时，通过上机测试并比较与前次的峰形和峰面积确认储备液的有效性。标准滴定溶液两个月复标一次。

8.标准物质的配制记录

标准物质应有配制记录。配制记录应标明溶液名称、浓度、介质、配制人、配制日期、标定人、标定日期、有效期及编号。

（二）标准样品

1.定义

标准样品是具有足够均匀的一种或多种化学的、物理的、生物学的、工程技术的或感官的等性能特征，经过技术鉴定，并附有说明有关性能数据证书的一批样品。

释义及注意事项：

标准样品可以是纯的或混合的气体、液体或固体，也可以是一件制品或图像。

2.标准物质与标准样品的区别

标准样品是为实施和制定标准的需要而制定，一般只在标准所涉及的范围使用，它是实物标准（相对文字标准而言），不能用作计量的传递。

标准物质是计量标准，可以做计量的传递，用于校正仪器、评价测量方法、确定物料的量值，只要适宜，可以代替标准样品在制定、实施标准中使用。

释义及注意事项：

1.标准物质GBW和标准样品GSB的区别在于其含义、应用不同。

GBW：国家标准物质；是一种已经确定了具有一个或多个足够均匀的特性值的物质或材料，作为分析测量行业中的“量具”，在校准测量仪器和装置、评价测量分析方法、测量物质或材料特性值和考核分析人员的操作技术水平，以及生产过程中产品的质量控制等领域起着不可或缺的作用。

GSB：国家实物标准（标准样品），标准样品简称标样或实物标准。是根据制定和实施文字标准的需要而研制，作为文字标准补充的实物。它是中药标准对照品研究所代理的一种标准物质。

2.标准物质具有的特点：

（1）标准物质的量值与物质的性质有关，与物质的数量和形状无关。

（2）标准物质具有良好的复现性，可以批量制备，并且在用完后可再行复制。

（3）标准物质种类多，仅化学成分量标准物质就数以千计，其量限范围跨越12个数量级。

（4）标准物质实用性强，可在实际工作条件下应用，既可用于校准检定测量仪器，评价测量方法的准确度，也可用于测量过程的质量评价以及实验室的计量认证与测量仲裁等。

3.标准物质期间核查方法：（1）用不同批号、不同厂商的标准物质进行核查；（2）旧的标准物质用新的标准物质进行核查；（3）无证标准物质用有证标准物质核查；（4）一次性使用标准物质及重铬酸钾、苯甲酸、纯锌、纯铅等稳定的标准物质不需要进行期间核查。

4.对于无证标准物质，最好的方式是使用已知的、稳定可靠的有证标准物质进行期间核查，无法获取有证标准物质时，可以选用以下核查方式或其组合：（1）机构间比对；（2）送有资质的校准机构校准；（3）测试近期参加过的水平测试结果满意的样品；（4）使用质控样品等。

三、溶液及标准溶液

（一）溶液

1.定义

溶液是由至少两种物质组成的均匀、稳定的混合物。被分散的物质溶质以分子或者更小的质点分散于另一物质溶剂中，溶液按形态分为：气态溶液、液态溶液、固态溶液。

释义及注意事项：

溶质：被溶解的物质。

溶剂：能溶解其他物质的物质。

两种溶液互溶时，一般把量多的一种称为溶剂，量少的一种称为溶质。两种溶液互溶时，若其中一种是水，一般将水称为溶剂。固体或气体溶于液体，通常把溶液称为溶剂。

2.表示方法

表示溶液组成的量和单位，一般分为三大类：用分数表示、用体积比表示、用浓度表示。参照GB/T 5009.1中的5.5。

（1）用分数表示。

①质量分数：指某物质中某种成分的质量与该样品中总物质质量之比，用符号ω表示，质量分数是无量纲量，单位为1。

质量分数在检验工作中应用非常普遍，如测定样品中的水分、灰分、药物残留量等，都是测定某一组分占混合物中的比例，因此检测结果都应用质量分数表示。

用分数表示的量和单位，如：豇豆中克百威残留量为0.25 mg/kg；猪肉中莱克多巴胺残留量为0.31 μg/kg；饲料中铅的含量为0.29 mg/kg。

②体积分数：指溶质的体积与溶液总体积之比，用符号ϕ表示。体积分数是无量纲量，单位为1。

例：将75 mL无水乙醇加入100 mL的容量瓶中，用水定容，应写成：ϕ（C_2H_5OH）=0.75=75%，称为乙醇的体积分数ϕ为0.75或75%。

（2）用体积比表示。指某物质的体积与另一物质的体积比，用符号Ψ表示，体积比是无量纲量，单位为1。

例如王水的组成：Ψ（HNO_3+HCL）=1+3

将1份硝酸加到3份盐酸中。

流动相溶液：Ψ（CH_3OH+H_2O）=60+40

将60 mL甲醇加到40 mL水中。

（3）用浓度表示。

①物质的量浓度：指溶液中溶质B的物质的量除以混合物的体积，用符号c_B表示。c_B的SI单位为mol/m^3，分析化学中常用的单位为mol/L。按照规定，“浓度”二字单独使用，就是指物质的量浓度。

例：c（NaOH）=2.0 mol/L，c一定是小写，且一定是斜体。

c_B是含有物质的量的一个导出量，故说到c_B时，必须指明基本单元。

例：可以说硫酸溶液的浓度为0.1 mol/L，记为c（H_2SO_4）=0.1 mol/L，1/2硫酸溶液的浓度为0.2 mol/L，记为c（1/2H_2SO_4）=0.2 mol/L，但不可以说硫酸溶液的浓度为0.1 mol/L，即未指明基本单元，其含义不确切。

②质量浓度：指质量除以混合物的体积，用符号ρ_B表示。ρ_B的SI单位为kg/m^3，分析化学中常用g/L表示。在仪器分析中，使用最多的就是质量浓度，一般单位为mg/L或μg/L。如，配制质量浓度为100 mg/L氧乐果标准溶液。

以前表示浓度为20%氢氧化钠溶液，现应表示为200 g/L氢氧化钠溶液。

因为%是无量纲量，而浓度是具有量纲的，故不能用%表示溶液的浓度。

（4）部分检测人员仍然使用ppm、ppb来表示稀溶液的浓度或含量。ppm、ppb既不是计量单位，也不是数学符号，仅是一些英文词组的缩写。ppm指百万分之一，即10^{-6}，ppb在中国以及美国、法国、俄罗斯等国指10^{-9}，而在英国、德国、意大利等国则指10^{-12}，因此易造成混淆，必须废除。ISO 31-1：1991中明确规定，不再使用这些缩写。

ppm可用mg/kg代替，ppb可用μg/kg代替，但不能用mg/L或μg/L代替，因为mg/L或μg/L是质量浓度的单位。ppm、ppb不能表示溶液的浓度，因为溶液的浓度是有量纲的，如：g/L、mol/L。

（5）在原始记录中，应列出计算公式，对于计算公式，国家标准有规定，即公式中只允许使用量的符号，不允许使用文字或单位符号。

计算公式要使用量关系式，不要使用数值关系式。量关系式表示量之间的关系，与单位的选择无关。按国家标准规定，在量关系中，不允许包含或暗包含特定单位。

3.溶液标签

溶液瓶上应贴有标签，注明溶液名称、浓度、介质、配制日期、配制人和有效期，标准滴定溶液标签上应注明标定人。

当介质是水时可不标出介质，介质为非水物质时应标明介质。标签的颜色应与试剂的级别一致。

（二）标准溶液

1.定义

当我们以化学分析法或仪器分析法进行分析测定时，往往需要配制标准溶液。标准溶液就是已知准确浓度或质量浓度的溶液。

2.分类

标准溶液一般分为三种：标准滴定溶液，单位为mol/L；农兽药标准溶液，单位为mg/L；元素（离子、化合物或基团）标准溶液，单位为mg/L。

3.标准溶液的配制

标准滴定溶液按照GB/T 601《化学试剂 标准滴定溶液的制备》进行配制。

元素标准溶液按GB/T 602《化学试剂 杂质测定用标准溶液的制备》进行配制。

试剂及制品的制备按GB/T 603《化学试剂 试验方法中所用制剂及制品的制备》进行配制。

释义及注意事项：

1.标准溶液的配制：一般分为几个步骤，如果是从固体标准品开始配制，首先应配制标准储备溶液。配制时原始记录的内容应填写：称取标准品的编号；称取量；溶解标准品溶剂的名称；定容体积；定容后标准储备液的质量浓度；标准储备液的编号；有效期；配置人和配制日期。

2.标准品购入后要重新编制实验室管理编号，不是标准品的原编号，购入同样的标准品原编号一样，但是实验室管理编号应该不一样，主要是为了溯源。

3.标准储备液的质量浓度单位是mg/L或μg/L，还需要配制标准中间液。

4.配制标准溶液时，不允许使用移液器。原因：其一是尽管移液器经过检定，但随着使用时间的增加，其内部弹簧易变形，影响准确度。其二是移液器有两档，一吸二退，吸和退的力度不同，导致每次吸取的溶液体积不同。其三是配制标准溶液时要求体积可见，而移液器内液体体积不可见。另外，移液枪头如未经检定，则难以保证其准确度。因此，配制标准溶液时通常使用吸量管。

5.配制标准中间液时的原始记录应填写：吸取标准储备液的编号；标准储备液的质量浓度；吸取体积；定容的试剂名称；定容体积；定容后标准中间溶液的质量浓度；标准中间溶液的编号；有效期；配制人和配制日期。

6.标准溶液配制时储备液编号、中间液编号和标准工作液三个编号是可以追溯的，在原始记录上都要体现，标准溶液小瓶标签上也要体现。

7.检测原始记录上必须有标准工作溶液原始记录。标准工作溶液的配制，配制时原始记录的内容应填写：吸取标准中间溶液的编号；标准中间溶液的质量浓度；吸取体积；定容的试剂名称；定容体积；定容后标准工作溶液的质量浓度；标准工作溶液的编号；有效期；配制人和配制日期。

8.基质标准溶液的配制。由于在检测过程中存在一定的基质效应，用试剂配制标准溶液测定样品往往会造成检测结果偏高或偏低的现象，影响检测结果的准确性，因此在测定时要克服基质效应。

克服方法：基质加标、样品稀释、提高净化效果、加入内标、优化质谱条件。目前采用最多的是采用样品空白提取液配制标准溶液，可以有效弥补基质效应带来的定量偏差。

4.标准溶液的保存和使用

（1）各种标准溶液必须按照其化学性质进行配制和保存。

（2）配制好的标准溶液要用带塞或者带盖的试剂瓶盛装，根据它们的性质进行妥善保存，不得保存在容量瓶中。

（3）标准工作溶液应在每次试验时先行稀释，并在有效期内使用。

（4）储备标准溶液应在低温处保存，用前要充分摇匀，根据需要将其适量移入干燥洁净的容器，置室温下平衡温度后使用，未用完部分应弃去，不得倒回原瓶。

（5）见光易分解的溶液要装入棕色瓶中避光保存。能吸收空气中二氧化碳并能腐蚀玻璃的强碱溶液要装在塑料瓶中。标准滴定溶液配制后可放入磨口玻璃瓶中保存。

（6）农兽药标准溶液在配制后应放入储液瓶中保存。

（7）元素标准溶液在配制后应放入玻璃或塑料试剂瓶中保存。

（8）如果标准物质在使用过程中发现浓度降低或增加等特征变化，必须立即停止使用，及时追溯使用该标准物质产生的结果，确定这些结果的准确性。

5.标准溶液有效期

（1）标准滴定溶液。10~30 ℃密闭保存时间一般不超过6个月；10~30 ℃开封使用过标准滴定溶液（倒出溶液后立即盖紧），保存时间一般不超过2个月。

当浓度≤0.02 mol/L时，应在使用前将浓度较高的标准滴定溶液用煮沸冷却后的水稀释配制。

（2）农兽药标准溶液。500~1 000 mg/L标准储备液，保存在0 ℃左右冰箱中，有效期6个月；0.5~1 mg/L或适当浓度的标准工作液，保存在0~5 ℃冰箱中，有效期2~3周。

（3）元素标准溶液。100 mg/L标准储备液，保存在0~5 ℃冰箱中，有效期6个月；1~10 mg/L或适当浓度的标准工作液，保存在0~5 ℃冰箱中，有效期1个月。

释义及注意事项：

1.使用前应检查标准物质或标准溶液是否在有效期内。

2.由于不同农药组分稳定性不同，因此，通常情况下，标准溶液的有效期是由本单位实验室确定，设置不同的质量浓度和不同保存条件，在仪器设备条件基本一致的情况下进行测定。

3.如果不能确定，可参照GB/T 27404《实验室质量控制规范 食品理化检测》附录C（标准溶液保存）。

6.标准溶液标签

标准溶液实行标识管理，制备好的标准溶液在标签上除了注明溶液名称、浓度、介质、配制人、配制日期，还应标明有效期及标准溶液编号，并合理放置，由专人妥善保管。

四、实验室用水、用气

（一）实验室用水

分析实验室用水应符合GB/T 6682《分析实验室用水规格和试验方法》，按照GB/T 6682的规定，将试验用水分为三级（见表2-1）：

一级水用于液相色谱分析。

二级水用于元素分析。

三级水用于化学分析。

表2-1　分析实验室用水规格GB/T 6682

名称	一级	二级	三级
pH（25 ℃）	—	—	5.0~7.5
电导率（25 ℃）/（mS/m）	≤0.01	≤0.10	≤0.50
可氧化物质含量（以O计）/（mg/L）	—	≤0.08	≤0.4
吸光度（254 nm，1 cm光程）	≤.001	≤0.01	—
蒸发残渣（105 ℃ ± 2 ℃）含量/（mg/L）	—	≤0.10	≤2.0
可溶性硅（以SiO_2计）含量/（mg/L）	<0.01	<0.02	—

释义及注意事项：

1.实验室常测的是电导率，制水机上显示的18.2 MΩ·cm是电阻率，不是电导率。电导率是国家标准中要求的实验室用水指数，需进行检测，不能使用电阻率代替。

2.用于三级水测定的电导率仪，要配备电极常数为0.1~1 cm^{-1}的电导池，并配有温度补偿功能。如需测一、二级水的电导率，还需配备电极常数为0.01~0.1 cm^{-1}的“在线”电导池，并配有温度补偿功能。

3.试验用水是否符合标准要求，要使用电导率仪进行测定，对每批次用水的测定结果进行记录，不能只读取制水机上的电阻率。目前新修订的《食品安全国家标准》都根据检测项目规定了用水的等级，没有蒸馏水和去离子水的说法。蒸馏水或去离子水只是制水的不同方式，制出的水应符合标准的要求。

4.国家标准给的电导率单位和电导率仪的单位不一样，刚好差10倍（见表2-2）。

表2-2　水的电导率与电导率仪测定值

单位	一级水	二级水	三级水
国家标准（mS/m）	0.01	0.1	0.5
电导率仪（μS/cm）	0.1	1	5

5.一级水应现用现制。制水机要配置紫外灯用于杀菌，不建议采用集中供水系统，因为其易滋生细菌，堵塞柱子，导致分离度下降，柱压升高，柱

子失效。

6.流动相当天配，避免放置久了杂峰太多，流动相的瓶子最好用棕色。

（二）安全用气

实验室可以使用气体钢瓶直接获得各种气体。气体钢瓶是储存压缩气体的特制的耐压钢瓶。使用时，通过减压阀（气压表）有控制地放出气体。由于钢瓶的内压很大（有的高达15 MPa），而且有些气体易燃或者有毒，所以在使用钢瓶时要注意安全。

1.高压气体的品种

（1）压缩气体。临界温度低于–10 ℃的气体，经高压压缩，仍处于气态者称为压缩气体，如氧、氮、氢、空气、氩、氦等。这类气体钢瓶若设计压力≥12 MPa，则称为高压气瓶。

（2）溶解气体。单纯加高压压缩，可产生分解、爆炸等危险性的气体，必须在加高压的同时，将其溶解于适当溶剂，并由多孔性固体物充盛。在15 ℃以下压力达0.2 MPa以上，称为溶解气体，如溶解于丙酮中的乙炔。

（3）液化气体。临界温度≥10 ℃的气体，经加高压压缩，转为液态并与其蒸气处于平衡态者称为液化气体。临界温度通常情况下在–10~70 ℃者称为高压液化气体，如二氧化碳、氧化亚氮。临界温度高于70 ℃，且在60 ℃时饱和蒸气压大于0.1 MPa者称为低压液化气体，如氨、氯、硫化氢等。

（4）低温液化气体。液态氧、液态氮、液态氩等。

2.气体的分类

从气体的性质可将其分为剧毒气体（如氟、氯等）、易燃气体（如氢、一氧化碳等）、助燃气体（如氧、氧化亚氮等）、不燃气体（如氮、二氧化碳等）。

3.我国常用高压气瓶颜色标志（GB 7144气瓶颜色标志）

常用的乙炔气体，瓶色为白色，字色为大红；氢气，瓶色为淡绿，字色为大红；氧气，瓶色为淡蓝，字色为黑色；氮气，瓶色为黑色，字色为淡黄；空气，瓶色为黑色，字色为白色；二氧化碳，瓶色为铝白，字色为黑色；氩气，瓶色为银灰，字色为深绿；氦气，瓶色为银灰，字色为深绿，等等。

4.气瓶的存放及安全使用

（1）高压气瓶应存放在阴凉、干燥、无明火处，远离热源，不能直接日晒或置于高温房间等温度可能升高的地方。气瓶要直立，固定放置于气瓶柜。气体放置地点应有防爆通风和相应的消防设施。

释义及注意事项：

1.高压气瓶的放置应符合安全要求，有固定措施，防止倒伏。有条件的可以集中存放或使用气体发生装置。

2.如果对检测工作不造成影响时，普通气体（如氮气、氩气等）可以不远离仪器室，但放置地点应有通风设施。

3.易燃易爆气体如乙炔和氢气必须与仪器室隔离，放置地点应有防爆通风和相应的消防设施。

（2）搬运气瓶要轻拿轻放，防止摔掷、敲击、滚滑或剧烈震动。

（3）应确保气瓶在有效期内使用，严格做到安全用气。

（4）高压气瓶的减压器要专用，压力表需检定，开启气瓶时操作者应站在气瓶出口的侧面，动作要慢。

（5）在使用气瓶时，要保证各接头、气路管线及气阀不漏气，使用完的气瓶要有少量的余压。

释义及注意事项：

瓶内气体不得全部用尽，一般应保持0.2~1 MPa的余压，以备充气单位检验取样之用及防止其他气体倒灌。

（6）每次更换气瓶时需检漏（可用洗衣粉液涂抹于气阀或气路连接处），实验室应定期对气瓶、气路进行检漏，防止漏气。

（7）实验室使用的压缩气体钢瓶，应保持最少的数量。

第三章　常用仪器及基本操作

一、玻璃仪器的洗涤和存放

（一）玻璃仪器的特点

玻璃仪器具有透明、耐热、耐腐蚀、易清洗以及化学稳定性好等特点，是实验室中最常用的仪器。氢氟酸和碱液都对玻璃有腐蚀作用，故不能用玻璃仪器进行含有氢氟酸的试验，也不能长时间用来存放碱液。

实验室常用的玻璃器皿有烧杯、锥形瓶、烧瓶、试管、漏斗、量筒、比色管、滴定管、移液管、容量瓶、广口瓶、滴瓶等。在化学实验中，盛放反应物质的玻璃器皿经过化学反应，往往有残留物附着在器皿内壁，一些经过高温加热或放置反应物质时间较长的玻璃器皿更不易洗净，这样的仪器会影响实验效果。因此，分析工作中，实验前必做的准备工作就是对玻璃器皿进行清洗。洗净的玻璃器皿内壁应能均匀地被水湿润，无水滴条纹且不挂水珠。玻璃器皿并无严格的洗涤程序，可根据附着在其上的污物的不同来选择相应的洗涤方法。器皿的洗涤是否符合要求，对检测工作的准确度和精密度均有影响。

试验结束后应及时将试验所用器皿洗涤干净。洗涤前应倒尽玻璃器皿中的物质。这样做不仅有利于后续洗涤步骤，而且还能防止在洗涤过程中加入水或者洗涤剂时发生意外事故。

（二）玻璃器皿的洗涤

1.一般玻璃器皿的洗涤

（1）毛刷能洗刷的：试管、烧杯、试剂瓶、锥形瓶等广口玻璃器皿。

①用水洗：根据要洗涤的玻璃器皿的性状选择合适的毛刷，如试管刷、烧杯刷、平刷、滴定管刷等。用毛刷蘸水洗刷，可使可溶性物质溶去，也可使附着在玻璃器皿上的尘土和不溶物脱落下来，但往往洗不去油污和有机物质。

②用洗涤剂洗：可以用毛刷蘸取去污粉或合成洗涤粉刷洗，再用自来水洗干净，然后用制备纯水润洗。仔细刷洗玻璃器皿内外壁（特别是内壁）。为了提高洗涤效率，可将洗涤剂配成1%~5%的水溶液，加温浸泡要洗的玻璃器皿。片刻后，再用毛刷反复刷。

（2）不能用毛刷洗刷的：吸量管、移液管、容量瓶等小口玻璃量器。

①用铬酸溶液浸泡：吸量管、移液管、容量瓶等小口玻璃量器，使用后应立即浸泡于凉水中，勿使沾污物质干涸。工作完毕后用流水冲洗，初步除去附着的试剂、蛋白质等物质。晾干后浸泡于铬酸洗液中4~6 h或过夜，然后用自来水充分冲洗干净，再用制备纯水漱洗2~3次，置于量器架上自然干燥。急用时可用其他方法进行干燥处理。

②使用专用超声波清洗器进行清洗：实验室专用超声波清洗器是通过高效的超声波空化效应原理，使水分子在玻璃仪器中震荡，震落器皿表面的污物，这种清洗方法能有效避免实验人员接触化学液体，是一种比较有安全保障的清洗方法。移液管、量筒、刻度试管、容量瓶等带有刻度的精密器皿不能用超声波清洗器清洗，以免影响器皿的精确度。

释义及注意事项：

洗净的玻璃仪器不要再用手、布或纸擦拭，以免再次污染。

2.重金属实验器皿清洗

（1）非污染样品器皿首先用自来水冲洗残渣，再用10%左右的硝酸溶液浸泡过夜，最后用自来水和二级水冲洗干净即可。

（2）样品器皿污染浓度较高时，自来水冲洗残渣后，在器皿中加入10 mL硝酸，120 ℃加热回流2 h，再按非污染样品步骤清洗。

（三）玻璃器皿的干燥方法和存放保管

1.干燥

实验经常要用到的仪器应在每次实验完毕后洗净并进行干燥处理后备用。用于不同实验的仪器有不同的干燥要求，一般定量分析用的烧杯、锥形瓶等仪器清洗干净后即可使用，而用于无水分析的仪器很多要求是干燥的，有的要求无水痕，有的要求无水，应根据不同要求进行干燥处理。

常用的干燥方法有：

（1）晾干。不急用的仪器或使用时对水分没有要求的仪器，可用蒸馏水冲洗后在无尘处倒置控去水分，自然晾干即可。

（2）烘干。需要干燥处理的仪器较多时，常用电热干燥箱进行干燥处理。干燥箱的温度一般控制在105~120 ℃，烘干1 h左右。对有活塞的仪器，应将活塞取下，分开进行干燥处理，但要注意经过干燥处理后的活塞仍要与原仪器配套。

释义及注意事项：

带有刻度的量器，如量筒、滴定管、容量瓶和吸量管等不得在烘箱中烘干，以免热胀冷缩影响到器皿的精度。

（3）吹干。对于那些在加热时容易炸裂和不适用于烘箱干燥又急需干燥的玻璃器皿，常用吹风机或鼓吹式干燥器将器皿吹干。例如：滴定管、量筒等，可将少量乙醇或丙酮或乙醚倒入已控去水分的器皿中，摇洗并控净溶剂，然后用吹风机或鼓吹式干燥器将其吹干。此法一般只在实验中临时使用。

2.存放保管

在贮藏室里玻璃仪器要分门别类存放，以便取用。经常使用的玻璃仪器要在实验柜中放置稳妥，高的、大的仪器放在里面。对于磨口仪器，存放前要在磨口处衬以干净的纸条，以防日久粘住。长期不用的滴定管要除掉凡士林后垫纸，用皮筋拴好活塞保存。

二、容量瓶使用

（一）容量瓶

1.定义

容量瓶是为配制准确的一定物质的量浓度的溶液用的精确仪器。它是一种带有磨口玻璃塞的细长颈、梨形的平底玻璃瓶，颈上有标线，表示在所指温度下液体凹液面与容量瓶颈部的标线相切时，溶液体积恰好与瓶上标注的体积相等。容量瓶上标有温度、容量、刻度线，常和移液管配合使用。

2.规格

容量瓶有多种规格，小的有5 mL、25 mL、50 mL、100 mL，大的有250 mL、500 mL、1 000 mL、2 000 mL等。它主要用于直接法配制标准溶液和准确稀释溶液以及制备样品溶液。

（二）定容

1.定义

定容就是用容量瓶配制准确浓度的溶液或定量稀释溶液的过程。

2.步骤

以配制标准溶液为例，主要包括以下步骤：

（1）容量瓶的检漏。洗涤干净的容量瓶，使用前应检查是否漏液，方法是注入溶剂至标线附近，盖好瓶塞，将瓶倒立，观察瓶塞周围是否有渗液，如不漏液即可使用。

（2）定量转移。对固态物质，通常是将固体物质放在小烧杯内进行完全溶解，再用试剂进行多次洗涤后，依次转入容量瓶。对液态物质可直接转移，转移时用玻璃棒引流，当溶液达到容量瓶约3/4体积时，将容量瓶平摇几次，切勿倒转摇动。

（3）定容。继续加入溶剂，直至溶液的凹液面与标线相切为止，定容时应注意室温与使用时温度一致。

（4）摇匀。盖好瓶塞，用食指压住瓶塞，另一只手的指尖托住瓶底，倒转过来，使气泡上升到顶，如此反复数次，使溶液充分混合均匀，放置。

释义及注意事项：

1.容量瓶和塞子要配套，要用绳子拴好。

2.使用前要检查是否漏液。

3.用洗液润洗，不能放在酸缸里去泡，加1/3体积洗液灌洗，如果容量瓶比较脏，要先浸泡24 h，再用清水冲洗。

4.定容时，溶液体积到瓶体积的3/4时，不盖塞子进行平摇，再定容。

5.定容用溶液加到刻度线，盖上塞子，上下倒置10~20次。

6.容量瓶只能用于配制标准溶液或者试样溶液，它是量器，不是容器，不能用来储存溶液，试剂配好后应立即转移至试剂瓶中。

7.对需避光的溶液应使用棕色容量瓶。

8.热溶液应冷至室温后才能转移至容量瓶中，或冷至室温后才能稀释至标线。

9.容量瓶不应在烘箱中烘干。

10.容量瓶作为量器，不能加热，也不能放在冰箱中。由于容量瓶塞为磨口，不慎倾倒后导致液体流出，可能会引起爆炸。

三、电子天平及称量

（一）电子天平

1.原理

电子天平采用了现代电子控制技术，利用电磁力平衡原理实现称重。即测量物体时采用电磁力与被测物体重力相平衡的原理实现测量，当秤盘上加上或除去被称物时，天平则产生不平衡状态，此时可以通过位置检测器检测到线圈在磁钢中的瞬间位移，经过电磁力自动补偿电路，使其电流发生变化，以数字方式显示出被测物体重量。电子天平具有称量速度快，准确性和稳定性高的特点。

2.使用要求

电子天平使用的通用要求，以德国赛多利斯CPA225D（双量程）电子精密天平为例。

（1）首次使用天平，须对天平进行检定（校准）。

（2）将天平内外清扫干净，检查电源及线路有无异常。

（3）调节天平水平器，直到水平器内的气泡调至圆圈中央位置，使天平处于水平状态。

（4）接通电源，按开关键直至全屏自检。天平在接通或长时间断电后，至少需要预热30 min。

（5）称量时先调零，待零点稳定后，放上样品，关上防风门。当读数稳定时即可读取数据，操纵相应的按键，可以实现“去皮”“增重”“减重”等功能。

（6）称量结束后，若短时间内还使用天平（或其他人还使用天平），一般不用按“OFF”键关闭显示器，可省去预热时间。试验全部结束后，关闭显示器，切断电源。当天不再使用天平，应拔下电源插头。

（7）清扫天平内外，罩好仪器，填写使用记录。

（8）长时间不使用天平，应每月进行一次维护保养，发生故障及时报修并做好设备维修记录。

释义及注意事项：

1.当天平上出现污物时，可用含少量中性洗涤剂的柔软布擦拭。不可使用有机溶剂和化纤布。若需清洗样品盘，则要充分干燥后再装放到天平上。

2.称量易挥发和具有腐蚀性的物品时，要将物品盛放在密闭的容器内，以免腐蚀和损坏电子天平。

3.维护规程：保持天平室内清洁、通风，无腐蚀气体；对天平进行通电，清洁；应用酒精擦拭托盘表面和内部，以免造成不必要的误差；加盖防尘罩，以防灰尘污染。

（二）称量

称量是指测量物质质量的过程。

根据所需称量物质的性质选择合适的称量方法，称量方法一般分为增量法和减量法两种。

1.增量法

此法适用于不易吸潮、在空气中能稳定存在的粉末状或小颗粒样品。以适用电子天平为例：

（1）电子天平构造上有一个水准仪。水准仪中的气泡必须位于液腔中央，否则称量不准确。调好后，应尽量不要搬动。搬动后，须重调水准仪。

（2）回零。打开天平后，待显示“0.0000”时，在秤盘上放置称量纸或称量瓶，按一下控制板“回零”键。

（3）称量。用称量勺将需称量的供试样品直接置于称量纸上或称量瓶中，待天平读数稳定时记录天平的读数，即为供试样品的质量。

2.减量法

此法常用于称量易吸湿、易氧化或与二氧化碳反应的试样。

（1）装入试样。在称量瓶中装入固体试样，盖好瓶盖。

（2）初始质量。用纸条套住称量瓶，放在天平盘上，不能直接用手接触，称出其质量，记录数值。

（3）二次称量。取出称量瓶，打开瓶盖，用盖轻敲瓶口上沿，缓慢倒出样品，盖好瓶盖，放回天平盘上，准确称出其质量，记录数值。

（4）计算质量。将两次称量的质量相减，即为该次称量样品的质量。

释义及注意事项：

1.天平室的温度一般应为18~30 ℃，以保持在（20±2）℃为宜。室内不能有空气流动。

2.使用前应先检查天平的水平，再进行预热。

3.被称量物体的质量既不能超过天平的最大称量，同时也不能比天平称量小太多。

4.称量前应先将样品搅拌均匀。

5.称量标准物质时，不能将物质放在称量纸上称量，而要放入烧杯中进行称量。

6.称量易吸水的药品时，如氢氧化钠，不能将其放在称量纸上称量，要放入烧杯中进行称量。

7.有玻璃门的天平，应关上玻璃门后再读数。

8.称量所选天平的感量，可根据结果计算要求的有效数位决定。

（1）确定量。如“称取0.5 g试样，精确到1 mg”，可理解为测量值的3位有效数字的第一位必须是“5”，如可称取0.513 g。

（2）大约量。如“称取约0.5 g试样，精确到1 mg”。“称取约0.5 g”指的是近似值，近似程度规定为10%，试样测量值的小数点后第1、2位数字应处在0.45~0.55 g之间，如果称样量超过这个范围，就要重新称量。

四、吸量管（移液管）的使用

（一）定义

吸量管就是有刻度的移液管。吸量管分为单标线吸量管和分度吸量管。

单标线吸量管：又称大肚吸量管或吸管，其中间有膨大部分，称为球状的细长玻璃管，球的上部和下部均为较细窄的管径，只有管径上部刻有一环形标线。

分度吸量管：是具有分刻度的吸量管，两端直径较小，中间管身直径相同，可以转移不同体积的溶液。常用的吸量管有1 mL、2 mL、5 mL、10 mL、25 mL和50 mL规格。

按精度的高低可将吸量管分为A级和B级，A级精度较高，B级精度低。

（二）使用

吸量管的使用，包括检查吸量管、吸取溶液、调节液面和放出溶液等四个步骤。

（1）检查吸量管的管口和尖嘴有无破损，若有破损则不能使用。

（2）将管的下口插入液面中。不要插入太浅或太深，太浅会产生吸空，把溶液吸到洗耳球内弄脏溶液，太深又会在管外壁粘附溶液过多。先吸入吸量管总容量的1/3左右，取出，横持并转动管子，使溶液接触到刻度以上部位，然后将溶液从管的下口放出并弃至废液容器，反复润洗2~3次，将溶液吸至刻度线以上，立即用食指按住管口。

（3）将吸量管向上提升离开液面，管的末端仍靠在溶液器皿的内壁上，管身保持直立，略放松食指，使管内溶液慢慢流出，直至溶液的凹液面底部与标线相切为止，立即用食指压紧管口，移出吸量管。

（4）插入承接溶液的器皿中，承接溶液的器皿倾斜成约30°，吸量管直立，管下端紧靠内壁，放开食指，让溶液沿瓶壁流下，流完后管尖端接触瓶内壁约15 s后，再将吸量管移去。有一种吹出式吸量管，管口上刻有“吹”或“blow out”字样的，使用时必须将末端的溶液用洗耳球吹出。

释义及注意事项：

1.吸量管不应在烘箱中烘干。

2.吸量管不能吸取太热或太冷的溶液。

3.吸取同一溶液应尽可能使用同一支移液管。

4.吸量管在使用完毕后，应立即用自来水及实验用水冲洗干净，置于移液管架上。

5.在使用吸量管时，为了减少测量误差，每次都应从“0”刻度处为起始点。

6.不同规格的吸量管最小分度值不同，读数时应该根据容量允差估计一位数值，具体标准参照国家计量检定规程JJG 196—2006。

五、pH及酸度计

（一）pH

pH用来量度物质中氢离子的活性。这一活性直接关系到水溶液的酸性、中性和碱性。通常情况下，热力学标准状况时（25 ℃、298 K左右），当pH＜7，溶液呈酸性，当pH＞7，溶液呈碱性，当pH＝7，溶液为中性。

注意：pH允许小于0，如盐酸（10 mol/L）的pH为−1。

（二）酸度计

1.定义

酸度计（pH计）是指用来测定溶液酸碱度值的仪器。它是利用原电池的原理工作的，原电池的两个电极间的电动势依据能斯特定律，既与电极的自身属性有关，还与溶液里的氢离子浓度有关。原电池的电动势和氢离子浓度之间存在对应关系，氢离子浓度的负对数即为pH。pH酸度计的级别分为0.2级、0.1级、0.02级、0.01级、0.001级。

2.种类

酸度计有笔式、便携式和台式三种，使用方法相似。使用前，应用标准缓冲液进行校正，标准缓冲液的pH有4.01、6.86、（7）、9.18，配好标准液后，按CAL键，将pH计插入溶液，pH计会自动校正，然后就可以直接测溶液的pH。pH计的型号不同，按钮名称也不同，应参照该型号的pH计的说明书，正确使用pH计。

3.使用注意事项

（1）仪器应保持干燥、防尘、接地良好，定期进行通电维护。

（2）使用时应检查电压是否稳定在220 V，否则要加电子稳压器。

（3）电极引线要使用屏蔽线，切勿受潮或沾污。杆状插头，插座应保持干净，阻抗降低时可用无水乙醇擦洗。

（4）在测量过程中，必须严格按照操作规程操作。在清洗电极、更换电极、更换测量溶液时，应注意将“测量”键复原。

（5）正式测量前应检查仪器、电极、标准缓冲液是否正常。通常的做法是：根据待测样品的pH范围，在其附近选用两种标准缓冲液。用第一种标准缓冲溶液定位后，再对第二种标准缓冲溶液进行测试，观察其读数，二者之差不得大于0.1 pH单位。否则，必须用第三种标准缓冲溶液检验，如已存在上述问题，则应对电极和标准缓冲溶液质量进行检查，查明原因。此时，通常为电极故障，可考虑作适当处理或更换新电极。

（6）更换标准缓冲溶液或样品时，应以水充分淋洗电极，用滤纸吸去电极上的水滴，再用待测溶液淋洗，以消除相互影响。这一点对缓冲能力较弱的溶液尤为重要。

（7）测量pH时，应适度搅拌溶液，以使溶液均匀和达到电化学平衡，读取数据时则应静置片刻，以使读数稳定。

（8）测量完成后应及时将电极清洗干净，并保存在电极保存液中。电极保护液应及时添加，切不可使电极感应头干涸造成pH计电势平衡改变，影响测量的精确度。

六、电导率仪

（一）原理

电导率是电阻的倒数，表示物体传导电流的能力。水的导电性与水的纯净度有关，因此可以用水的电导率表示水的纯净度。电导率测量仪的测量原理：在被测溶液中两块平行的电极板两端加上一定的电势（通常为正弦波电压），然后测量电极板间流过的电流。根据欧姆定律求得电阻，电导率即为电阻的倒数。电导率是物质的属性，由导体本身决定。

电导率的基本单位是西门子（S）。因为电导池的几何形状影响电导率值，标准的测量中用单位电导率（*C*）来表示，以校正各种电极尺寸造成的差别。单位电导率*C*（单位为S/cm）表示相距1 cm、面积为1 cm^2的两个电极之间溶液的电导，即所测电导率（*G*）与电导池常数（*L*/A）的乘积，这里的*L*为两块极板之间的柱液长度，*A*为极板的面积。

水溶液的电导率直接与溶解的电解质的离子浓度成正比，而且离子浓度越高，电导率越大，利用电导率仪可以间接得到水的总硬度值。如前所述，为了近似换算方便，1 μS/cm电导率＝ 0.5 ppm硬度。电导率数值较低时，10^{-6}以μS/cm表示，10^{-3}以mS/cm表示。

释义及注意事项：

1.以电导率间接测算水的硬度，其理论误差为20~30 mg/L。

2.溶液的电导率大小决定分子的运动，温度影响分子的运动，为了比较测量结果，测试温度一般定为20 ℃或25 ℃。

3.采用试剂检测可以获取比较准确的水的硬度值。

（二）使用

（1）检查指针是否指零，如不指零，调节电导率仪上的调零旋钮。

（2）将电导率仪调节到校正档，指针指向最大刻度。

（3）按照电极常数调节旋钮，测量时调节到测量挡。

释义及注意事项：

1.电极的引线不能潮湿，否则将导致测量结果不准。

2.高纯水被盛入容器后应迅速测量，否则电导率升高很快，因为空气中的二氧化碳溶于水里变成碳酸根离子。

3.盛放被测溶液的容器必须清洁，无离子污染。

（三）电导率的测定

（1）将不同浓度氯化钾标准溶液（1 mol/L、0.1 mol/L、0.01 mol/L、0.001 mol/L）分别注入4支试管，再把水样注入2支试管。把6支试管同时放入（25 ± 0.1）℃恒温水浴器，加热30 min，使管内溶液温度达到25 ℃。

（2）用其中三管氯化钾溶液依次冲洗电导电极和电导池。然后，将第四管氯化钾溶液倒入电导池中，插入电导电极氯化钾的电导G_{KCl}或电阻R_{KCl}。

（3）用一管水样充分冲洗电极，测量另一管水样的电导Gs或电阻Rs。

依次测量其他水样。如果测定过程中，温度变化<0.2 ℃，就不必再次对氯化钾标准溶液的电导或电阻进行测定。但在不同批测量时，应重新对氯化钾溶液的电导或电阻进行测量。一级、二级、三级水的电导率（25 ℃）分别是：≤0.01 S、≤0.10 S、≤0.50 S。

七、其他器具及物品

实验室还有一些标准要求的小型设备，包括：超声波清洗器、破壁机、离心机、电热板、水浴锅、旋转蒸发仪、干燥箱、混匀器、马弗炉、均质机、氮吹仪、超纯水系统等，其用途见表3-1。

表3-1　样品前处理基础设备

序号	名称	用途
1	超声波清洗器	可使污物层被分散、乳化、剥离而达到清洗目的。
2	破壁机	在高剪切力的作用下使样品匀浆破碎，细胞分散。
3	离心机	分离密度差较大的液体与固体颗粒或不互溶的两相液体。
4	电热板	用于农产品、土壤的加热、消解、赶酸。
5	水浴锅	为样品提取、化学反应、溶剂蒸发等操作提供恒定的环境温度和热源。
6	旋转蒸发仪	通过减压、加热、旋转来实现溶剂的蒸发浓缩。
7	干燥箱	用于干燥玻璃容器等物质。
8	混匀器	用于试管、离心管、比色管等容器中样品的快速混合。
9	马弗炉	用于环境样品元素分析测定的前处理。
10	均质机	组织匀浆。
11	氮吹仪	氮气吹干，实现样品浓缩。
12	超纯水系统	制备实验室用水。

八、设备管理

（一）检定（校准）

1.检定

检定是查明和确认测量仪器符合法定要求的程序。它包括检查、加标记和/或出具检定证书。检定不仅包含了校准的内容，还包括了测量仪器的其他技术特征的测定，并得出是否合格的结论。

2.校准

校准是在规定条件下的一组操作，其第一步是确定由测量标准提供的量值与相应示值之间的关系，第二步是用这些信息确定由示值获得测量结果的关系，这里测量标准提供的量值与相应示值都具有测量不确定度。校准可以用文字说明、校准函数、校准图、校准曲线或校准表格的形式表示。某些情况下，可以包含示值的具有测量不确定度的修正值或修正因子。

释义及注意事项：

1.检定是采用经溯源的计量标准根据检定规程对测量设备进行检定。检定的对象是有检定规程的仪器设备，检定周期由法规规定。

2.校准是经溯源的计量标准根据校准规程对测量设备进行校准，校准的对象是对检测、校准和抽样结果的准确性或有效性有显著影响的所有设备，包括辅助测量设备，校准周期由机构自行规定。

3.检定和校准的区别：

（1）性质。校准不具有强制性，是单位自愿的溯源行为；检定具有强制性，属于计量管理范畴的执法行为。

（2）内容。校准主要确定测量设备的示值误差或给出修正值；检定是对测量设备的计量特性及技术要求符合性进行的全面评估。

（3）依据。校准依据校准规范或方法；检定依据检定规程。

（4）结果。校准通常不判定测量设备合格与否，若客户明确使用目的和计量要求时，也可确定某一特性是否符合预期要求；检定应作出合格与否的结论。

（5）证书。校准应根据结果出具校准证书或报告；检定结果若合格则应出具检定证书。

3.计量溯源

计量溯源或量值溯源是通过检定、校准进行的。计量是实现单位统一、量值准确可靠的活动。准确性、一致性、溯源性及法制性是计量工作的基本特点。

溯源性是指测量结果或测量标准的值，能够通过一条具有规定不确定度的连续比较链，与测量基准（计量基准）联系起来。这种特性使所有的同种量值都可以按这条比较链通过校准向测量的源头追溯，也就是溯源到同一测量基准或计量基准（国家基准或国际基准），从而使准确性和一致性得到技术保证。

（1）设备在投入使用前，应采用核查、检定或校准等方式，以确认其是否满足检验检测标准或者技术规范。检验检测机构制定和实施检定、校准计划时，应关注检验检测所需要的参数，关键量值及其关键量程的检定、校准，应列入检定、校准设备一览表予以明示。

释义及注意事项：

检验检测机构应按以下顺序选择仪器设备溯源途径：

1.对列入国家强制检定管理范围的，应按照计量检定规程实行强制检定。列入检定目录内的工作计量器具不一定均实施强制检定，应依据机构的实际情况，分析是否与食品安全、环境安全、贸易结算、产品质量等直接相关，并按照《中华人民共和国计量法》及实施细则执行。

2.应寻求满足要求的、政府有关部门授权的外部校准机构提供的校准服务。

3.选择通过CNAS认可的校准机构进行校准。

4 .对非强制检定的仪器设备，应寻求外部校准机构提供校准服务，机构有能力进行内部校准，并能满足内部校准要求的，可进行内部校准。

5.要在程序文件中规定哪些仪器设备需要检定（校准）。

（2）无法溯源到国家或国际测量标准时，测量结果应溯源至有证标准物质，公认的或约定的测量方法、标准，或通过比对等途径，证明其测量结果与同类检验检测机构的一致性。当溯源结果溯源至公认的或约定的测量方法、标准时，检验检测机构应提供该方法以及标准的来源等相关证据。

释义及注意事项：

不能计量溯源时的三种方法：

1.使用有能力的供应者提供的有证标准物质对某种材料给出可靠的物理或化学特性。

2.使用规定的方法和（或）被有关各方接受并且描述清晰的协议标准。

3.检验检测机构间比对，最少三家检验检测机构的比对才有意义。

（3）已获资质认定的检验检测机构对其测量设备进行内部校准时，应确保：

①用于校准的设备满足计量溯源要求。

②限于非强制检定的仪器设备。

③实施内部校准的人员需经培训和授权。

④环境和设备满足校准方法要求。

⑤优先采用标准方法，非标准方法使用前应经确认。

⑥进行测量不确定度评定。

⑦可不出具内部校准证书，但应对校准结果予以汇总。

⑧质量控制和监督应覆盖内部校准工作。

内部校准的环境条件、设备设施、校准项目、校准方法、结果处理、记录和报告，应符合我国计量检定规程或校准规程的要求。尚无计量检定规程或校准规程的，检验检测机构可编制内部校准规范，经确认后使用。

（二）期间核查

1.定义

设备期间核查不是一般性的功能核查，也不是缩短检定或校准周期，期间核查是在两次检定或校准期间进行的，核查设备的检定或校准状态的稳定性，防止使用不符合技术规范要求的仪器设备。

释义及注意事项：

期间核查是根据规定程序，为了确定计量标准、标准物质和其他测定仪器是否保持原有状态而进行的操作。

2.期间核查的方式

期间核查的方式包括仪器比对，方法比对、标准物质验证（包括加标回收）、单点自校、用稳定性好的样件重复核查等。若通过核查标准来实现，核查标准的定量限、准确度等级应接近被测对象，稳定性应高于被测对象。

3.分析评价

进行期间核查后，应对数据进行分析和评价，如经分析发现仪器设备已经出现较大偏离，可能导致检测结果不可靠，应按照相关规定处理（包括重新校准），直到经验证的结果是满意时方可投入使用。

4.期间核查的重点对象

期间核查的对象包括不太稳定、使用频率高、使用条件恶劣、容易产生漂移、因出现过载可能造成损坏的仪器设备，以及能力验证结果有问题、对检测数据有疑问、单纯校准不能保证在有效期内正确可靠的仪器设备。

5.期间核查的一般流程

（1）制定设备期间核查程序。

（2）判断设备是否需要进行期间核查并制订计划。

（3）制定具体设备的期间核查作业指导书。

（4）依据期间核查计划和作业指导书实施核查，保留记录。

（5）出具核查报告。

（6）利用核查报告。

（7）对全过程实施效果评价。

（8）期间核查的判断依据。

6.判断依据

检验检测机构应根据设备的稳定性和使用情况来判断设备是否需要进行期间核查，判断依据包括但不限于：

（1）设备检定或校准周期。

（2）设备检定或校准结果。

（3）设备质量控制结果。

（4）设备使用频率。

（5）设备维护情况。

（6）设备操作人员及环境变化。

（7）设备使用范围的变化。

（三）证书或报告的确认

检验检测机构在设备定期核查、检定或校准后应进行确认，确认其满足检验检测要求后方可使用。

（1）检定、校准机构的资质是否合法，检定证书、校准报告是否确保计量溯源性。

（2）进行检定的仪器设备，应明确其检定是否合格。

（3）检定结果是否合格，是否满足检验检测方法的要求。

（4）校准获得的设备的准确度信息、不确定度等参数是否满足检验检测项目、参数的要求，是否有修正信息（修正因子、修正值、修正曲线），仪器是否满足检验检测方法的要求。

（5）适用时，应确认设备状态标识。

释义及注意事项：

1.检验检测机构设备定期检定校准后进行计量确认，确认满足要求后方可使用，确认内容如下：

（1）检定或校准机构资格。

①法定的计量检定机构（地方县以上计量所或政府部门授权的计量站等），出具的证书上应有授权证书号。

②政府授权的或认可的校准机构，出具的证书上应有授权证书号或出具的校准证书上应有认可标识。

（2）检定或校准机构测量能力。

①应在政府部门授权范围内，出具检定证书。

②应在政府授权或认可的范围内，出具校准报告或证书，校准证书应有包括测量不确定度和（或）符合确定的计量规范声明的测量。

（3）溯源性。测量结果能溯源到国家或国际基准。

（4）满足检验检测机构检验检测要求（检定或校准机构提供的检定或校准证书或报告应提供溯源性的有关信息和不确定度及其包含因子的说明）。

2.检定（校准）后的检测仪器设备取得报告或证书后，须经技术负责人确认是否可以满足检测项目要求后，方可使用。检定（校准）后的仪器设备应有计量状态标识，状态标识应包括：检定（校准）日期、有效日期、检定（校准）单位、设备编号等。

3.检定是强制性，执行JJG（国家计量检定规程）；校准是自愿性，执行JJF（国家计量技术规范）。

（四）仪器设备的标识管理

检验检测机构应在其程序文件中规定计量确认标识的标识方法。通常情况，状态标识为三色标识：

（1）合格标志（绿色）。经计量检定或校准合格，确认其符合检测（校准）技术规范规定的使用要求的；（不必检定情况下）性能检查其功能正常；（无法检定情况下）比对或鉴定其性能完好，功能适用。

（2）准用标志（黄色）。仪器设备中存在部分缺陷，但在限定范围内可以使用的，包括：多功能检测设备，某些功能丧失，但检测所用功能正常，且检定校准合格者；测试设备某一量程准确度不合格，但检验（检测）所用量程合格者；等级下降后使用的仪器设备。

（3）停用标志（红色）。仪器设备目前状态不能使用，但经检定或者修复后可以使用的，不是实验室不需要的废品杂物。停用包括：仪器设备损坏者；仪器设备经计量检定不合格者；仪器设备性能无法确定者；仪器设备超过检定周期未检定校准者。

对于影响检测工作质量但不需要检定或者校准的设备须经验证，检查其功能是否正常，也应用三色标识标明其状态。

第四章　定量分析中的数据及误差

一、数和数学符号

检验检测工作中，要进行量的测量，还要做量值的计算，因此时时刻刻都要与数值和数字打交道。在测量和计算中，数值如何写，如何进行运算，国家都有明确的规定，每个检测人都应该严格执行。

（一）阿拉伯数字

1.应使用阿拉伯数字的情况

带有计量单位的数值，必须使用阿拉伯数字，如：42.4 m，2.042 g。一般的记数，也应使用阿拉伯数字，如：56，3/4。年代，年、月、日和时间，应用阿拉伯数字表示，如：70年代、2013年5月12日、下午3点45分等。

2.书写阿拉伯数字时应遵循以下原则

（1）表示小数点的标号，我国规定使用齐线圆点，如：5.9，0.54，不使用齐线逗点（ISO标准和欧洲许多国家使用齐线逗点）。

（2）小数点前和小数点后的数字，如超过四位数字（包括四位），应以小数点为准，每三位为一节，节与节之间空1/4个字的空，不用逗号（已废除），如：21.525 7，63 620等。

（3）带有单位符号的数值，数值与单位符号之间要留有1/4个字的空。如：500 mm，0.6 mol/L。

释义及注意事项：

最容易犯的错误：超过四位的数字，每三位之间不空1/4个字的空；数值和单位符号之间不留1/4个字的空。这类错误在原始记录和检验报告中出现得最多。

如："加水定容至500mL；称取样品质量为1.0456g，贮藏温度为15℃"。正确的写法为：加水定容至500 mL；称取样品质量为1.045 6 g，贮存温度为15 ℃。

（4）为清晰起见，数和数值相乘应使用符号"×"，而不使用圆点。

如：写作1.5×10^{-2}，不写作$1.5\cdot10^{-2}$。

（5）年份不能简写，如2013年不能写成13年。

释义及注意事项：

在原始记录或检验报告签日期时，各检验检测机构应按统一的标准执行，如：写成2013-08-04，不能写成2013-8-4或2013，8，4。

（二）汉字

应使用汉字的情况：

（1）数字作为词素构成定型的词、词组、惯用语等时。如：三氧化二铁、十水硫酸钠、磷酸二氢钾、"十五"规划等。

（2）邻近的数字并列连用，表示概数时。如：二三米、七八百元等。

（3）表示非物理量的数（相对物理量的数值而言），数字一至九宜用汉字，大于九的数字一般用阿拉伯数字表示。如："选六根6 m长的水管""选18根6 m长的水管"。

（4）星期几用汉字。如：星期一、星期五。

二、测量数值

在分析工作中，测量或运算时所涉及的数值有两类，一类是准确数值，另一类是有效数字。

（一）准确数值

测量数值中所有的常数，都是准确数值。如：圆周率π、自然对数的底e等。非测量数值，如单位是倍数、简单的个数，也都是准确数值。如：1 kg＝1 000 g，1 m＝1 000 mm，3/2＝1.5，平行测定的次数n＝3等。定义值也是准确数值，如：1 d＝24 h，1 h＝60 min。准确数值有效数字的位数为无限多，需要几位就看作几位。

（二）有效数字和有效位数

1.有效数字

为了取得准确的分析结果，不仅要准确测量，而且要正确记录与计算，所谓正确记录是指记录数字的位数，因为数字的位数不仅表示数字的大小，也反映测量的准确程度。

有效数字是指在测量和运算中得到的、具有实际意义的数值。所谓能够测量到的是指包括最后一位估计的不确定的数字，把通过直读获得的准确数字叫作可靠数字，把通过估读得到的那部分数字，叫作可疑数字。

有效数字的最后一位允许是可疑的、不确定的，其余数字都必须是可靠的、准确的。除另有说明外，可疑数字一般可理解为该数字上有±1单位的误差，或在其后一位的数字上有±5单位的误差。有效数字通常体现测量值的可信程度。

释义及注意事项：

例如：7.654 3，这个记录说明有5位有效数字，最后1位为存疑数字。有效数字的位数，简称为有效位数，是指包括全部准确数字和一位可疑数字在内的所有数字的位数。如：7.654，有效数字是4位，0.003 300，有效数字也是4位。

测定值为6.84，可理解为它是在6.83~6.85之间，或理解为它是在6.835~6.845之间。

2.有效位数

有效数字的位数，简称为有效位数，是指包括全部准确数字和一位可疑数字在内的所有数字的位数。

要正确判断和写出测量数值的有效数字，应明确以下几点：

（1）1~9个数字，无论在一个数值中的什么位置，都是有效数字。

（2）“0”在数值的中间，是有效数字；“0”在数值前面，则不是有效数字，因为这时“0”只起到定位的作用，并不代表量值的大小，如：0.42 g，0.055 2；“0”在数值的后面，若属于规范的写法，则都应是有效数字，但由于一些习惯写法和不规范的写法，则需要具体分析：“0”在小数点后，都是有效数字，如：3.400，0.060。3.400中4后面的两个0都是有效数字，0.060中6后面的0也是有效数字。“0”在整数的尾部，是否为有效数字，需要具体分析。如：34 000，记为34 000是正确的，三个“0”都是有效数字，它是五位有效数字；若记为340×10^2 或3.40×10^4，则为三位有效数字；若记为34×10^3或3.4×10^5，则为两位有效数字。

（3）若一个数值的第一位数字≥8，则该数值的有效数字位数可多计一位。如：9.56 m，表面上看是三位有效数字，但可当作四位有效数字对待。

（4）pH、PM有效数字位数，只记小数点后面的位数，与整数部分无关，整数部分只与幂数有关。如：pH＝12.25，$[H^+]=5.6\times10^{-13}$ mol/L，有效数字是两位，而不是四位。

释义及注意事项：

1.如实记录测量的数值，以反映实际测量值的可信程度。用万分之一天平测量时，应记到小数点后第四位，如：0.258 4 g，2.100 3 g，用十分之一天平称量时，应记到小数点后第一位，如：0.5 g，3.1 g。

2.应根据天平的感量如实记录，不应多记，也不应少记。

3.在实际工作中，有的单位使用万分之一的天平称取样品，如：称取30 g

左右的样品，记为30.55 g，认为已经有四位有效数字，能满足检测方法和判定的要求，因此就省略了后两位小数，这是错误的。

4.在使用经过检定或未经检定但合格的玻璃量器时，应根据量器的允差来确定测量值的有效位数。

5.重量分析法的误差一般为0.1%，为保证分析方法的准确度，分析过程中每一步骤的误差都要控制在0.1%左右。所以，为保证称量误差小于0.1%，用分析天平称量时，称量值应大于0.2 g。因为分析天平可准确到0.000 1 g，但每个样品都要作平行测定，要称两次，所以称量的绝对误差为0.000 2 g，只有称样量大于0.2 g，其相对误差才能小于0.1%。如果称样量大于2 g，用千分之一的天平可满足相对误差小于0.1%的要求。

6.根据GB/T 5009.1—2003中10.3的规定，一般测定值的有效数的位数应能满足标准的要求，一般报告结果应比标准多一位有效数。如铅的标准为1 mg/kg，报告值可为1.0 mg/kg。如果没有限量指标，报告结果的有效位数应符合检测方法中规定的要求。

（三）数值修约

通过省略原数值的最后若干位数字，调整所保留的末位数字，使最后所得到的值最接近原数值的过程称为数值修约。

数值修约规则按照GB/T 8170—2008《数值修约与极限数值的表示和判定》标准执行。

在拟舍弃的数字中，若左边第一数字小于5（不包括5）时，则舍去，即所拟保留的末位数字不变（4舍）。如：2.534（保留三位数）为2.53。

在拟舍弃的数字中，若左边第一数字大于5（不包括5）时，则进1，即所拟保留的末位数字加1（6入）。如：2.536（保留三位数）为2.54。

在拟舍弃的数字中，若左边第一个数字等于5，且其右边的数字并非全为“0”时，则进1，即所拟保留的末位数加1。如：2.050 1修约后（保留两位数）为2.1。

在拟舍弃的数字中，若左边第一个数字等于5，且其右边的数字全为“0”，若所拟保留的末位数为奇数，则进1，若所拟保留的末位数为偶数（包括“0”），则不进。如：1.350修约后（保留两位数）为1.4；1.450修约后（保留两位数）为1.4，不是1.5；2.050修约后（保留两位数）为2.0，不是2.1；2.150修约后（保留两位数）为2.2，不是2.1。

所拟舍弃的数字，若为两位以上数字时，不得进行多次修约，应根据所拟舍弃数字中左边第一个数字的大小，按上述规定一次修约出结果。如：25.454 6正确修约的结果（保留两位数）是25，不正确的做法是25.454 6一次修约25.455，二次修约25.46，三次修约25.5，四次修约26（结果）。

如果检测人员先将获得的测定值按指定的修约位数多一位或几位报出，最后由其他部门进行判定，为避免连续修约的错误，应按下列步骤进行：

报出数值最右的非零数字为5时，应在数值后加（+）或（-）或不加符号，以分别表明已进行过舍、进或未舍未进。如：36.50（+）表示实际值大于36.50，经修约舍弃成为36.50；36.50（-）表示实际值小于36.50，经修约进1成为36.50。

如果判定报出值需要进行修约，当拟舍弃数字最左一位数为5，而后面无数字或皆为“0”时，数值后面有（+）者进一，后面有（-）者舍去，其他按前面介绍的规则进行。

将下列数字修约到十分位后进行判定（报出值多保留一位小数）：

35.453（实测值）35.45（+）报出值 35.5（修约值）

36.546（实测值）36.55（-）报出值 36.5（修约值）

（四）极限数值

极限数值的判定方法有两种，见表4-1。

1.修约值比较法

将测定值或计算值进行修约，修约位数与标准规定的极限数值书写位数一致。修约按GB/T 8170—2008进行。如：极限数值≤1.0，测定值为0.98，修约值为1.0。

2.全数值比较法

将测定值或计算值不经修约处理（或可作修约，但应表明它是经舍、进或未进未舍而得）而用数值的全部数字与标准规定的极限数值进行比较，只要约出规定的极限数值（不论约出的程度大小），都判定为不符合标准要求。

表4-1　极限数值的判定

极限数值	测定值	其他表述方式	是否符合标准要求
≥97.0	97.01	97.0（+）	符合
	96.98	97.0（-）	不符合
	96.94	96.9（-）	不符合
≤0.05	0.049	0.05（-）	符合
	0.051	0.05（+）	不符合
	0.050	0.05	符合
0.3~0.60	0.299	0.30（-）	不符合
	0.600	0.60	符合
	0.601	0.60（+）	不符合

对涉及安全性能指标和计量仪器中有误差传递的指标或其他重要指标，应优先采用全数值比较法；标准中各种极限数值（包括带有极限偏差值的数值）未加说明时，均指采用全数值比较法。

三、量和单位

《中华人民共和国计量法》第三条规定，“国家实行法定计量单位制度。国际单位制计量单位和国家选定的其他计量单位，为国家法定计量单位”。

我国法定计量单位的构成为：国际单位制的单位；国家选定的非国际单位制的单位。

（一）国际单位制

国际单位制的构成如下：

- 国际单位制（SI）
  - SI单位
    - SI基本单位
    - SI导出单位
      - 包括SI辅助单位在内的具有专门名称的SI导出单位
      - 组合形式的SI导出单位
  - SI单位的倍数单位

国际单位制的基本单位共7个基本量，见表4-2。

表4-2　SI基本量的名称、量的符号、基本单位及单位符号

量的名称	量的符号	单位名称	单位符号
长度	l（L）	米	m
质量	m	千克	kg
时间	t	秒	s
电流	I	安[培]	A
热力学温度	T	开[尔文]	K
物质的量	n	摩[尔]	mol
发光强度	I（I_v）	坎[德拉]	cd

释义及注意事项：

1.计量单位。计量单位是量的单位，一般简称单位。所谓单位，就是在同一类量中约定采用的一个特定量，用以定量表示具有相同量纲的量。

2.基本单位。人为选定的、具有独立的定义，并能按照各种量间的关系构成其他单位基础的单位。

3.SI基本单位。经历届国际大会选择、修正，选定7个量的单位作为国际单位制的基本单位，并规定了它们的名称、符号和定义，称为SI基本单位。

（二）我国法定计量单位

1.构成

我国法定计量单位是以国际单位制的单位为基础，结合我国的实际情况，选用了我国常用的一些其他单位构成的。实行法定计量单位，对我国科技、经济和社会的发展以及扩大国际交流都具有重要意义。

具体构成如下：

（1）国际单位制的基本单位。

（2）国际单位制的辅助单位。

（3）国际单位制中具有专门名称的导出单位。

（4）我国选定的非国际单位制单位。

（5）由以上单位组成的组合形式的单位。

（6）由国际单位制词头和以上单位所构成的十进倍数和分数单位。

我国选定的非国际单位制的单位有16个，见表4-3，其中有10个是国际计量大会认可与SI并用，且被所有国家承认的单位（表中前10个单位）。有6个是我国根据需要选定的法定单位（表中后6个单位）。

表4-3　我国选定的非国际单位制单位

量的名称	量的符号	单位名称	单位符号	与SI单位的关系	备注
时间	t	分 [小]时 日（天）	min h d	1 min=60 s 1 h=60 min=3 600 s 1 d=24 h=86 400 s	
[平面]角		度 [角]分 [角]秒	° ′ ″	1°=60′=（π/180）rad 1′=60″=（π/10 800）rad 1″=（π/64 800）rad	在组合单位中用（″）（′）（°）的形式，与数字连用时去掉括号
质量	m	吨 原子质量单位	t u	1 t=10^3 kg 1 u≈1.660 540×10^{-27} kg	
体积	V	升	L（l）	1 L=10^{-3} m^3=1 dm^3	字母l为备用符号
旋转速度		转每分	r/min	1 r/min=（1/60）s^{-1}	
长度	l（L）	海里	n mile	1 n mile=1 852 m （只用于航行）	
速度	v，u，ω	节	kn	1 kn=1 n mile/h=（1 852/3 600）m/s （只用于航行）	
能	E	电子伏[特]	eV	1 eV≈1.602 177×10^{-19} J	
级差		分贝	dB		
线密度	ρ_l	特[克斯]	tex	1 tex=1 g/km	
面积		公顷	hm^2	1 hm^2=10^4 m^2	公顷的国际单位通用符号为ha

释义及注意事项：

[ ]内的字，是在不致混淆的情况下可以省略的字，（ ）内的字为前者的同义语。

2.我国法定计量单位的特点

（1）以国际单位制为基础，结合我国实际情况制定，即我国法定计量单位既包括国际单位制单位，还包括由我国选定的非国际单位制的单位。

（2）对于组合单位，只规定“由以上单位构成的组合形式的单位”都属于法定单位，不规定具体组合形式。如质量浓度的组合单位既可以写成mg/L，也可以写成$mg \cdot L^{-1}$。

（3）国家选定的非国际单位制单位，虽有部分未经国际计量大会认可，但都是各国普遍采用的单位。对于有些在国际上有争议，或只被少数国家采用的单位，我国未选定作为法定单位，如英制单位。

（4）按照国际单位构成的原则，一个物理量只能有一个SI单位。但考虑我国人民的习惯，在我国的法定计量单位中规定“公斤”是“千克”的同义语，“公里”是“千米”的俗称，使用重量W代替m是不对的。随着计量单位的规范化，应严格按照国际单位构成原则，规定一个物理量只使用一个SI单位。

在检测工作中使用法定计量单位是强制性的，是科学技术语法的基础。所有技术文件，如检验报告、原始记录、标准、各级教科书、论文等都必须采用。

对于其他一些国家或国际组织制定的单位标准或流行用法，可作为参考，但不能作为使用量和单位的依据。如美国有些出版物仍使用“摩尔浓度”和符号“M”，而不使用我国规定的名称“B的物质的量浓度”和符号“c_B”，也不能因为国外还使用ppm、ppb而继续使用这些单位。

3.SI导出单位

SI导出单位是给导出量定义的单位，即用基本单位以代数形式表示的单位。这种单位符号中的乘或除采用数学符号。属于这种形式的单位称为组合单位。

（1）导出量。除7个基本量以外，其他的量都是导出量。导出量的量纲，由7个基本量的量纲按代数形式导出。

（2）量的符号若有两个，且两个符号间用逗号隔开，则可同等使用这些符号；若其中一个符号置于括号中，则它应作为第二位选用符号，如体积的单位符号L（l），应选用L。

4.SI单位的倍数单位——SI词头

词头用于构成倍数单位（十进倍数单位与分数单位），但不得单独使用。历届国际大会共规定20个SI词头，见表4-4。

表4-4　用于构成十进倍数和分数单位的SI词头

因数	词头名称	词头符号	因数	词头名称	词头符号
10^{24}	尧[它]	Y	10^{-1}	分	d
10^{21}	泽[它]	Z	10^{-2}	厘	c
10^{18}	艾[科萨]	E	10^{-3}	毫	m
10^{15}	拍[它]	P	10^{-6}	微	μ
10^{12}	太[拉]	T	10^{-9}	纳[诺]	n
10^{9}	吉[咖]	G	10^{-12}	皮[可]	p
10^{6}	兆	M	10^{-15}	飞[母托]	f
10^{3}	千	k	10^{-18}	阿[托]	a
10^{2}	百	h	10^{-21}	仄[普托]	z
10^{1}	十	da	10^{-24}	幺[科托]	y

释义及注意事项：

SI词头根据使用方便的原则，通过适当的选择，使数据处于使用范围内。SI词头的选取，一般应使该量的数值处于0.1~1 000范围内。如1 501 Pa＝1.501 kPa，3.2×10^{-3} g＝3.2 mg。在计算中，为了方便，建议所有量均用SI词头表示，将词头用10的幂代替（如kg本身是SI单位，故不应换成10^3 g）。

SI词头符号一律用正体字母：大于10^6时用大写字母，MΩ＝10^6 Ω，小于10^3时用小写字母，mL＝10^{-3} L，词头h（百）、da（十）、d（分）、c（厘）一般只用于长度、面积和体积单位前。词头不能同以下单位连用：如摄氏温标单位℃、平面角单位“度”“［角］分”“［角］秒”与时间单位“分”“时”“日”等，但s可以，如：μs，ms。

（三）量

1.定义

量是现象、物质或物体可定性区别和定量确定的一种属性，量也称为物理量。

物理量可以分为很多类，凡可以相互比较的量都称为同一类量，如长度、直径、距离等。

在同一类量中，选出某一特定的量作为一个称之为单位的参考量，则这一类量中任意其他量，都可用这个单位与一个数的乘积来表示，而这个数就称为该量的数值。即：量＝数值×单位。

按照GB/T 3101—1993《有关量、单位和符号的一般原则》的规定，量和单位的正规表达方式为：A＝{A}·[A]，式中A为某一物理量的符号，[A]为某一单位的符号；{A}为以单位[A]表示量A的数值。如：$\lambda = 6.958 \times 10^{-7}$ m，λ为物理量波长的符号；m为长度单位米的符号；6.958×10^{-7}为以米作单位时，这一波长的数值。

2.表示方法

（1）量用数值乘以单位来表示，数值在前，单位在后，且之间应留1/4字的空隙，但不得有任何表示相乘的符号，唯一例外的是平面角的单位（度、分、秒）以及数值和单位间不留空隙。如：l＝1 306 m不能写成l＝1306m或l＝1306×m。

（2）量用和数或差数表示时，应加圆括号。如：l＝13 m－8 m＝（13－8）m，不能写成l＝13－8 m；t＝38.4 ℃±0.2 ℃＝（38.4±0.2）℃，不能写成t＝38.4±0.2 ℃。

（3）如为无量纲量，其单位的名称是“一”，符号是“1”。表示时，不必写出“1”。如ϕ（HCl）＝0.9，不必写成ϕ（HCl）＝0.9×1。

释义及注意事项：

过去用1%和1‰表示0.01和0.001，现在国家标准只采用%，可代替数字0.01，废除‰，如ω_B＝0.089＝8.9%。

百分、千分是纯数字，故说质量百分或者体积百分无意义，也不可以在这些符号上加上其他信息，如%（m/m）、%（V/V）等。过去常用的质量百分浓度或体积百分浓度、百分含量已废除，应改为质量分数或体积分数。

（4）表示数值的原则。数值要用量除以单位来表示，数值＝量/单位。有两种表示方法，如钠谱线波长：a. λ /nm＝589.6；b. ｛λ｝$_{nm}$＝589.6。一般推荐用第一种方式a表示。像λ$_{(nm)}$、λ$_{nm}$、λ$_{/nm}$等写法均不符合规定。特别是在图表中，以往的写法往往不符合标准，见表4-5。

GB/T 3101—1993标准中：量＝数值×单位　数值＝量/单位

表4-5　GB标注法和习惯标注法的比较

<table>
<tr><th>项目</th><th>溶液体积</th><th>质量</th><th>溶液质量浓度</th><th>温度</th></tr>
<tr><td>GB标注法</td><td>V/mL</td><td>m/g</td><td>ρ /（mg/L）</td><td>t/℃</td></tr>
<tr><td rowspan="3">习惯标注法</td><td>mL</td><td>g</td><td>mg/L</td><td rowspan="3">℃</td></tr>
<tr><td>V，mL</td><td>m，g</td><td rowspan="2">ρ /（mg/L）</td></tr>
<tr><td>V（mL）</td><td>m（g）</td></tr>
</table>

3.量及符号的使用原则

（1）量的符号用拉丁字母或希腊字母表示，不论大、小写，一律用斜体，如：质量m、体积V、浓度c。pH是唯一的例外，用正体。

（2）单位符号的使用规则。单位符号一律用正体字母表示，一般用小写字母（体积L除外），若单位名称来源于人名时，则其符号的第一个字母用大写。如：米，m；开[尔文]，K；帕斯卡，Pa；单位符号的读法应按名称读，不得按字母读。如：μL读微升，不得读缪升。

（3）组合单位的写法。相乘构成的两种任选：Nm（N m）或N·m；相除构成的三种任选：g/mol，g・mol^{-1}，g mol^{-1}；不应在组合单位中同时使用单位符号和中文符号。如：速度单位不能写成km/小时；可用汉字与符号构成组合单位。如：元/d。由乘除构成的量，为避免混淆，其符号中可加括号，同一行中不得有多于一条的斜线，如$c_B=(m/M_B)/V=mM_B^{-1}V^{-1}$，不得写成$c_B=m/M_B/V$。

单位名称的简称可作为该单位的中文符号，但中文符号只在小学、初中教科书及普通刊物中在有必要时使用，在科研报告中应使用单位符号。

（4）量的符号可加上标和下标。一般的下标为正体，如摩尔体积V_{m}；用量的符号为下标时，下标写成斜体，如定压热容C_p；质量流量q_m；同时有两个下标代表不同含义时，其间用逗号隔开，如相对密度$d_{(\mathrm{H2O,20\,℃})}$。

同一符号代表不同的量，如相对分子质量M_r，M_B；同一量有不同的应用，如P表示标准大气压，P_{amb}表示环境压力；表示不同的量，如B的浓度c_B，c（NaOH），c（HCl）。一个量有两个符号时，若符号之间用逗号隔开，各符号可任意选用，若有的符号置于括号中，则优先使用不带括号的符号，如：B的摩尔分数x_B，（y_B）。

释义及注意事项：

1.单位名称一般只用于口述和叙述性文字中，不得用于公式、图表中，在公式中不应出现中文。如：ρ_B=0.6千克/升、流量=13升/秒，均为不正确的写法。

2.组合单位的名称顺序，与其符号一致，乘号无对应的名称，除号的名称为“每”，但只能用一次。如：浓度单位符号：mol/L，单位名称：摩尔每升（不是每升摩尔）。

四、误差的分类、来源及提高准确度的方法

对样本进行分析时，即使使用最可靠的分析方法、最精密的仪器、最熟练的操作，所测得的数据也不可能与真实值完全一致，这说明误差是客观存在的。在定量分析中，根据误差产生的原因和性质，可将其分为系统误差和随机误差。

（一）系统误差

在重复条件下，对同一被测量进行无限多次测量所得结果的平均值与被测量的真值之差。系统误差是分析过程中某些固定的原因引起的一类误差，它具有重复性、单向性和可测性。在对同一被测量进行多次测量的过程中，出现某种保持恒定或按确定的方法变化的误差，就是系统误差。系统误差包括仪器误差、试剂误差、方法误差和操作误差。

1.仪器误差

由于仪器本身的缺陷或没有按照规定条件使用仪器而造成的误差。如吸

量管的刻度不准，使用未经校正的容量瓶等。

2.试剂误差

由于使用的试剂不纯或实验室用水含有杂质所引起的误差。

3.方法误差

实验方法本身不完善所带来的误差。

4.操作误差

由于操作者个人感官和运动器官的反应的习惯不同而产生的误差。

系统误差的特点是它的变异是同方向的，即导致结果误差偏高的总是偏高，偏低的总是偏低。重复测定时也会重复出现。

系统误差如在允许误差范围内，一般不予校正。如果误差很大，须予以校正。

（二）随机误差

随机误差又称偶然误差，是由于在测定过程中一系列有关因素微小的随机波动而形成的。其产生的原因是分析过程中受种种不稳定随机因素的影响，如室温、相对湿度和气压等环境条件的不稳定，分析人员操作的微小差异以及仪器的不稳定、试剂污染等引起的误差。随机误差是不可避免的。

偶然误差的特点是它的变异方向不定，或正或负，难以确定。偶然误差一般服从正态分布，可以采用多次平行测定取其平均值的方法来减少误差。

（三）提高准确度的方法

1.选择合适的分析方法

各种分析方法的准确度是不相同的。在选择分析方法时，主要根据组分含量对准确度的要求，在可能的条件下选择最佳的分析方法。

2.消除测定中的系统误差

根据不同情况，采取对照试验、空白试验和校准仪器的方法来消除。

（1）对照试验。即用标准样品（可参比样品）或标准方法（或参比方法）进行对照，由本单位不同人员或由不同单位进行对比分析（即“内检”或“外检”），都可以检验或校正分析结果的误差。

（2）空白试验。即除了不加样品以外，完全按照测定的同样操作步骤和条件测定，所得结果为空白试验值。从试样的测定值中扣除空白试验值，即可得到比较准确的分析结果。用它可以校正样品测定值，从而减少试剂、仪器和滴定终点等造成的系统误差。

在测定样品时，每做一次平行测定至少需要两个空白试验值进行对照。空白试验值的大小及其分散程度对分析结果的精密度和分析方法的检出限都有很大影响。因此，实验室应对空白试验值进行严格把控。测定两个空白试验平行样，连续测5 d，然后计算标准偏差和检出限。随同样品测试做空白试验，若空白值在质量控制限内可以忽略不计，若空白值比较稳定，可重复n次测定空白值，计算出空白值的平均值，在样品测定值中扣除。若空白值明显超过正常值，则表明测试过程中有严重沾污，样品测定结果不可靠，应找出原因并给予纠正。在找原因时，应当考虑试验用水、化学试剂的纯度、容器的洁净度、分析仪器的精度和使用情况、实验室内的环境污染状况及分析人员的水平和经验等因素。

释义及注意事项：

空白试验过程主要包含标准溶液空白、试剂空白和样品空白，空白的含量在控制限内可忽略不计，评估污染情况是否可被接受的标准是样品空白的响应值应小于对应方法的检出限（MDL）。

（3）仪器校准。必要时对试验中所用的衡器、量器和砝码、容量瓶、移液管等进行检定（校准），以减少仪器产生的系统误差。

3.减少随机误差

增加平行测定的次数可以减少随机误差，但测定次数过多则意义不大，在一般的分析测定中，测定次数为3~5次。

在测定样品时，还需要进行平行双样测定，所测定的精密度应小于或等于标准分析方法所规定的精密度。如果平行双样测定的精密度不符合规定要求，需要对不合格者重新进行双样测定，直至符合要求为止。

4.校正分析结果

利用校正系数校正分析结果。

第五章　结果质量控制

检验检测机构监控结果有效性（质量控制）是保证检测数据准确可靠的基础，是消除检验检测过程中的系统误差、过失误差和降低偶然误差的控制方法。通过质量控制，使误差控制在允许限度内，保证分析数据在给定的置信水平内，达到所要求的精密度和准确度。质量控制主要包括内部质量控制和外部质量控制。参照RB/T 208《化学实验室内部质量控制 比对试验》、CNAS-GL027《化学分析实验室内部质量控制指南——控制图的应用》、GB/T 27404《实验室质量控制规范 食品理化检测》、GB/T 32465《化学分析方法验证确认和内部质量控制要求》等。

一、常见术语和概念

（一）准确度

准确度是指测定结果与被测量真值之间的符合程度。准确度由正确度和精密度决定。准确度的高低常以误差的大小来衡量。即误差越小，准确度越高；误差越大，准确度越低。

准确度试验是由随机误差的分量和系统误差的分量（即偏倚）组成。正确度则是对系统误差分量的量度，常以偏倚（bias）表示，其偏倚越大，正确度越差。

释义及注意事项：

1.偏倚是指系统测量误差的估计值。

2.ISO 5725中使用的一般术语“准确度”，既包含正确度，也包含精密度。正确度指大量测试结果的（算术）平均值与真值或接受参考值之间的一致性。

3.准确度是测试结果与接受参照值间的一致程度。

（二）正确度

正确度是指大量测定结果的平均值与真值或接受参照值之间的一致程度。正确度意味着存在系统误差，正确度的度量通常以偏倚表示，而测量结果的偏倚则通过回收率试验进行评估。

应至少采用3个浓度水平对方法的正确度进行验证。验证时，应首先考虑使用有确定含量的有证标准物质。如没有可采用的标准物质，应在具有代表性的样品基质中添加至少3个浓度水平进行评价，添加浓度水平应包含方法测定范围内的最低浓度水平（定量限）、关注浓度水平和最高浓度水平。对于不得检出的物质，可选择定量限、2倍定量限和10倍定量限3个浓度水平；对于已设定限量值的物质，可选择低于限量值（如限量值的1/2）、限量值和高于限量值（如限量值的2倍）3个浓度水平；对于未设定限量值的物质，可选择定量限、食品中的一般含量水平（平均或中位数含量）和较高含量水平（95%）3个浓度水平。每个水平重复次数不少于6次，计算其回收率的平均值，平均回收率原则上应符合表5-1的要求，在具体方法中已作规定的以具体规定为准。

表5-1　不同含量水平的正确度要求

含量水平/（mg/kg）	回收率范围/%
100	95~105
1~100	90~110
0.1~1	80~110
<0.1	60~120

（三）精密度

精密度是指在规定条件下，对同一或类似被测对象进行重复测量所得示值或测得的量值间的一致程度。精密度的度量通常以测定结果的标准偏差来表示。

1.精密度包括重复性和再现性

（1）重复性条件。相同测量程序、相同操作者、相同测量系统、相同操作条件和相同地点，并在短时间内从同一或相似的被测对象重复测量的一组测量条件。如：平时实验做平行试验。

（2）重复性。在重复性条件下，相互独立的测试结果之间的一致程度。

（3）再现性条件。不同地点、不同操作者、不同测量系统，对同一或相似的被测对象重复测量的一组测量条件要相同或类似。如：人员比对、仪器比对、实验室间比对等。

（4）再现性。在再现性条件下，相互独立的测试结果之间的一致程度。

（5）重复性限。一个数值，在重复性条件下，两个测定结果的绝对差小于或等于某一特定限值的概率为95%，这一特定限值即为重复性限。重复性限符号为r。

（6）再现性限。一个数值，在再现性条件下，两个测定结果的绝对差小于或等于某一特定限值的概率为95%，这一特定限值即为再现性限。再现性限符号为R。

2.精密度的表示方法

（1）重复性条款。

①在重复性条件下，设独立重复测定了n次，记录数据为x_1、x_2，…，x_n，则用$\overline{x}=\frac{1}{n}\sum_{i=1}^{n}x_i$代表其结果。精密度用平均误差、绝对误差和相对误差三个指标表示：

平均误差：$S=\sqrt{\frac{1}{n-1}\sum(x_i-\overline{x})^2}$

绝对误差：$\Delta(\overline{x})=\frac{U_\alpha \cdot S}{\sqrt{n-1}}$

相对误差：$E=\frac{\Delta(\overline{x})}{\overline{x}}$

其中，$U_\alpha=1.96$。此时，精密度$=1-E$（用百分数的形式表示）。精度的取值在0和1之间，越接近1说明精密度越高。

②当精密度与分析浓度有关时：在重复性条件下获得的两次独立测试结果的测定值，在以下的平均值差范围内，这两个测试结果的绝对差值不超过重复性限（r），超过重复性限（r）的情况不超过5%。

释义及注意事项：

重复性限（r）采用线性内插法求得。

例如：当某种农药组分添加含量是0.1 mg/kg时，重复性限（r）为0.04；添加含量是0.5 mg/kg时，重复性限（r）为0.20；当两次平行测定结果分别为0.32 mg/kg和0.4 mg/kg时，利用线性内插法计算，该次测定精密度是否符合要求。

$Y=y_1+(y_2-y_1)(x-x_1)/(x_2-x_1)$

$Y=0.04+(0.2-0.04)(0.32-0.1)/(0.5-0.1)$

0.4－0.32＝0.08，＜0.144，符合要求。

③参照GB/T 20001.4《标准编写规则》中对精密度的要求，应清楚表明是用绝对项还是相对项。很多标准以相对偏差和变异系数来表示精密度都是不符合国家规定的。

④新颁布的食品安全国家标准GB 23200系列的农药残留检测方法，是由原商检和国家标准转化而来（见表5-2）。由于原商检标准中没有精密度的要求，所以该系列标准精密度没有用重复性限表示，而是用相对相差表示。该系列标准是一个过渡性标准，今后还需进行整合，整合后的精密度仍然用重复性限表示。

表5-2　GB 23200系列标准精密度

被测组分含量/（mg/kg）	精密度/%
a≤0.001	36
0.001＜a≤0.01	32
0.01＜a≤0.1	22
0.1＜a≤1	18
a＞1	14

（2）再现性条款。

①当精密度用绝对项表示时：在再现性条件下获得的两次独立测试结果的绝对差值不大于上述的绝对误差Δ（$\bar{x}$）。

②当精密度用相对项表示时：在再现性条件下获得的两次独立测试结果的绝对差值小于其相对误差，即 $\frac{|x_1-x_2|}{\text{两个测定值算术平均数}}$。

③当精密度与分析浓度有关时：在再现性条件下获得的两次独立测试结果的测定值，在以下的平均值差范围内，这两个测试结果的绝对差值不超过再现性限（R）。

释义及注意事项：

对于重复性，验证方式和含量水平与再现性一致。在重复性条件下，多次测定分析的相对标准偏差通常为再现性条件下的1/2~2/3，其相对标准偏差应符合表5-3的要求，具体方法已作规定的以具体规定为准。

表5-3　不同含量水平对重复性的要求

含量水平	质量分数/ω	相对标准偏差/%
0.1 μg/kg	10^{-10}	≤ 43
1 μg/kg	10^{-9}	≤ 30
10 μg/kg	10^{-8}	≤21
100 μg/kg	10^{-7}	≤15
1 mg/kg	10^{-6}	≤11
10 mg/kg	10^{-5}	≤7.5
100 mg/kg	10^{-4}	≤5.3
1 000 mg/kg	10^{-3}	≤3.8
1%	10^{-2}	≤2.7
10%	10^{-1}	≤2.0
100%	1	≤1.3

对于再现性，每种试样应采用有证标准物质、标准物质或标准添加样品至少做3个浓度水平的验证试验，每个浓度水平应从一个均匀试样中至少取6份进行独立分析，其相对标准偏差原则上应符合表5-4的要求，具体方法已

作规定的以具体规定为准。

表5-4　不同含量水平对再现性的要求

含量水平	质量分数/ω	相对标准偏差/%
0.1 μg/kg	10^{-10}	≤ 64
1 μg/kg	10^{-9}	≤ 45
10 μg/kg	10^{-8}	≤32
100 μg/kg	10^{-7}	≤23
1 mg/kg	10^{-6}	≤16
10 mg/kg	10^{-5}	≤11
100 mg/kg	10^{-4}	≤8
1 000 mg/kg	10^{-3}	≤6
1%	10^{-2}	≤4
10%	10^{-1}	≤3
100%	1	≤2

3.每种检测方法在计算结果时应注意

对两次平行测定结果都有精密度的要求，如果检测原始记录中没有此项内容，就无法判定测定的两个平行结果是否能满足方法精密度规定的要求，如果超过方法精密度的要求，该测定结果要重做。

4.精密度与准确度的关系

准确度高，则精密度一定高；精密度高，准确度却不一定高；高精密度是高准确度的前提。

释义及注意事项：

1.参考相关GB/T 6379系列标准。

2.精密度是在规定条件下，独立测试结果间的一致性。精密度仅仅依赖于随机误差的分布，与真值或规定值无关。其度量值用测试结果的标准差来表示，精密度越低，标准差越大。

3.独立测试结果指的是对相同或相似的测试对象所得的结果不受以前任何结果的影响。

4.考虑精密度的原因主要是假定在相同条件下对同一或认为是同一的物料进行测试，一般不会得到相同的结果。这主要是因为在每个测量程序中不可避免地会出现随机误差，而那些影响测量结果的因素并不能完全被控制。在对测量数据进行实际解释的过程中，必须考虑这种变异。

5.重复性和再现性是精密度的两个极端情况：重复性描述变异最小情况，而再现性则描述变异最大情况。当发生改变的测量条件是操作者，复现性反映的是操作者间的差异。

（四）检出限（LOD）

检出限是指某一特定分析方法，在给定的显著性水平内，可以定性地从样品中检出待测物质的最小浓度或最小量。所谓“检出”，是指定性检出，在检出限附近不能进行准确的定量。

检出限可分为测量方法检出限和仪器检出限。

1.仪器检出限（IDL）

指仪器可靠地将目标分析物信号从背景（噪声）中识别出来时分析物的最低浓度或量。

一般通过多次空白试验，求得其背景响应的标准差，将3倍空白标准差作为检测限的估算值。也可以用已知浓度的样品与空白试验进行对照，记录测得的被测样品信号强度S与噪声（或背景信号）强度N，以能达到$S/N=2$或$S/N=3$时的样品最低浓度为检出限（LOD）。

释义及注意事项：

1.最低检出浓度。满足最低检出限要求时，进样溶液的浓度，常见单位：mg/L、ng/L、mol/L等。

2.最低检出量。最低检出量=最低检出浓度进样量，常见单位：ng、pg、fg等。

2.方法检出限（MDL）

用特定方法可靠地将目标分析物信号从背景（噪声）中识别出或区分出来时分析物的最低浓度或量。

释义及注意事项：

1.方法理论检出限。一般把3倍空白值的标准偏差或3倍信噪比相对应的质量或浓度作为理论检出限。一般分析20个代表性空白样品，记录目标分析物出现区域的噪声数值（信号、峰等），计算其平均值，3倍噪声数值的平均值对应的样品浓度即为方法的理论检出限。

2.方法实际检出限。方法的实际检出限是以理论检出限为基础，制备适当的浓度梯度的有证标准物质或标准添加样品。对于有容许限量规定的目标分析物，每一个浓度水平独立检测10个有证标准物质或标准添加样品，检出概率为50%时的浓度水平即为方法的实际检出限。对于规定为不得检出的目标分析物，每一个浓度水平独立检测20个有证标准物质或标准添加样品，检出概率为95%时的浓度水平即为方法的实际检出限。

3.确定方法检出限的方法。

（1）目视评价法。通过在样品空白中添加一系列不同已知浓度的分析物，随机对每一个浓度点进行7次的独立测试，通过绘制阳性（或阴性）结果百分比对应的反应曲线确定阈值浓度。

（2）空白标准偏差评估法。通过分析大量样品空白或加入最低可接受浓度的样品空白，独立测试次数不少于10次，计算检测结果的标准偏差（S）。

最低可接受浓度为在所得不确定度可以接受的情况下所加入的最低浓度。

方法检出限的表示方法为：样品空白值+4.65S。

（3）校准方程的适用范围评估法。用空白平均值加上空白的3倍标准偏差，仪器对空白的相应标准偏差即为校准方程的截距a，仪器相应的标准偏差即为校准的标准误差（$S_{Y/N}$），可得$X_{lod}=3S_{Y/N}/b$。

此方法是外推法，当浓度接近检出限时，其结果不如试验结果可靠。

（4）信噪比评估法。对于定量方法来说，利用已知低浓度的分析物样品与空白样品的测量信号进行比较，确定能够可靠检出的最小的浓度。典型的可接受的信噪比是2∶1或3∶1。

对于定性方法来说，低于临界浓度时选择性是不可靠的。该临界值会随着试验条件中的试剂、加标量、基质等不同而发生变化。确定定性方法的LOD时，可以通过往空白样品中添加几个不同浓度水平的标液，在每个水平分别随机检测10次，记录检出结果（阳性或阴性），绘制样品检出的阳性率（%）或阴性率（%）对添加浓度的曲线，临界浓度即为检测结果不可靠时的拐点。定性分析中临界值的确定可参考表5-5进行。当样品中待测物浓度低于100 μg/g时，阳性检测结果已经不具备100%的可靠性。

表5-5　定性分析-确定临界值

待测物浓度值/（μg/g）	重复次数/次	阳性/阴性检出次数/次
200	10	10/0
100	10	10/0
75	10	5/5
50	10	1/9
25	10	0/10

方法检出限不仅与仪器的噪声有关，还取决于样品测定的整个环节，如取样量、提取分离以及测定条件的优化等，实际工作中应注明具体实验条件。

释义及注意事项：

例如：检测某化合物时，方法中规定取样0.1 g，经提取处理后定容为10 mL分析，此时方法检出限为1 μg/g。若改变方法，使取样量增加至1 g，则方法检出限0.1 μg/g。若改变方法，使取样量增加至1 g且经提取处理后定容为1 mL，则方法检出限为0.01 μg/g。

检出限主要取决于三个方面：分析方法的选择性和专一性；分析方法的灵敏度；分析方法的精密度。

仪器检出限不考虑任何样品制备步骤的影响，一般以溶剂空白测定检出限，因此其值总是比方法检出限低。

（五）定量限（LOQ）

定量限是指样品中被测组分能被定量测定的最低浓度或最低量，其测定结果应具有一定的准确度。

释义及注意事项：

定量限一般通过对一系列含有已知浓度被测物的试样进行分析，在准确度和精密度都符合要求的情况下，来确定被测物能被定量的最小量。

1.仪器定量限（IQL）

仪器能可靠检出并定量被分析物的最低量。

2.方法定量限（MQL）

在特定基质中在一定可信度内，用某一方法可靠检出并定量被分析物的最低量。

3.方法定量限应满足的条件

（1）定量限加样品关注浓度水平的3倍标准偏差应小于关注的浓度水平（如容许限量）。

（2）方法定量限应不超过关注浓度水平（如容许限量）的1/2。

（3）定量限应采用在空白基质中添加已知浓度的目标组分，得到检出限以上系列低浓度的检测样品，每个浓度点各独立重复准备6个以上。检测上述样品，得到响应信号（如峰面积、峰高等）值并转换为相应的浓度（或量）。将上述各浓度点得到的检测结果平均值与接受参考值进行正确度评估。正确度满足要求的最小检测结果可表达为定量限。

（4）样品的定量结果应在标准曲线范围内，不能外推计算，因为外推结果没有经过方法学验证，无法确定其准确性。

（5）样品过浓应稀释，过稀则应浓缩，使之落在标准曲线范围内，准确地说，定量限应指标准曲线的最低浓度点。

释义及注意事项：

1.关注浓度水平：对判断样品中物质或分析物是否符合法规性或要求的有决定意义的浓度（如容许限浓度，即限量值）。

2.方法的定量限：以不低于3倍检出限或10倍信噪比对应的质量或浓度作为方法的定量限。

定量限是测出来的，不是算出来的。当测定结果小于方法检出限时，报告为未检出；当测定结果大于方法检出限且小于方法定量限时，报告为定性检出；当测定结果大于方法定量限时，报告为定量结果。当前的标准都给出了方法定量限和检出限。

（六）方法确认

1.方法确认

实验室通过试验，提供客观有效的证据证明特定检测方法满足预期的用途。

释义及注意事项：

1.实验室对于非标方法、实验室自制方法、超出其预定使用范围的标准检测方法、扩充和修改过的标准方法进行确认，对于确认过的方法，应制定作业指导书。

2.典型的方法确认技术参数包括：方法检出限、方法定量限、灵敏度、选择性、线性范围、测量范围、基质效应、精密度、稳健度、正确度和测量不确定度等。

3.实验室内方法确认：

（1）在一个实验室内，在合理的时间间隔内，用一种方法在预定条件下对相同或不同样品进行分析试验，以证明特定检测方法满足预期用途。

（2）通常情况下，需要确认的技术参数包括：方法检出限、方法定量限、灵敏度、选择性、线性范围、测量范围、基质效应、精密度、稳健度、正确度和测量不确定度等。

4.实验室间方法确认：

（1）在两个或多个实验室间实施的方法确认。实验室依据预定条件下用相同方法对相同样品都进行测定，以证明特定检测方法满足预期用途。

（2）通常情况下，对于定量方法，至少要确认方法的适用对象、定量限、线性范围和精密度。

2.参数的确认

（1）选择性。对于有干扰的情况，实验室联合使用但不限于以下两种方法检查干扰：分析一定数量的代表性空白样品，检查在目标分析物出现的区域是否有干扰（信号、峰等）；在代表性空白样品中添加一定含量的有可能干扰分析定性和（或）定量的物质。

（2）测量范围。方法的测量范围通常应满足以下条件：应涵盖方法的定量限和关注浓度水平；至少确认方法测量范围的定量限、关注浓度水平和最高关注水平的正确度和精密度，必要时可增加关注水平；若方法的测量范围呈线性，还应满足线性范围的要求。

（3）线性范围。通常可按照相关方法标准，尽量满足以下要求：至少6个校准点（包括空白），浓度范围尽可能覆盖一个或多个数量级。校准曲线不同浓度点的标准曲线要单独配制，不能通过稀释同一母液获得。

对于筛查方法，线性回归方程的相关系数不低于0.98；对于定量方法，线性回归方程的相关系数不低于0.99。

浓度范围一般应覆盖关注浓度的50%~150%，如需做空白时，应覆盖关注浓度的0%~150%。

最低浓度点应远离检出限位于定量限附近，中间点为目标分析物日常检测浓度水平，最高浓度点为关注范围最高点或接近最高点。

应充分考虑基质效应的影响，排除其对校准曲线的干扰。实验室应提供文献或实验数据，说明目标分析物在溶剂中、样品中和基质成分中的稳定性，并在方法中予以明确。

释义及注意事项：

1.对于分析方法而言，用线性计算模式来定义仪器响应与浓度的关系和该计算模式的应用范围。

2.以检出限到不成线性相关的最高浓度点的范围为方法的线性范围。

3.当存在基质效应时，应使用试剂空白或样品空白来考察线性范围。

4.标准曲线浓度范围必须和使用标准一致，标准中给出的标准曲线范围是经过验证的，是直线范围；如果不一致，超出直线范围，计算结果就不准确。农残用单点法，点应该也在标准曲线内。

（4）方法检出限。如果方法中已给出方法检出限，则在该含量水平上通过分析该含量水平的样品验证方法检出限，分析结果应在给出的方法检出限±20%范围内。

释义及注意事项：

信噪比的方法适用于仪器检出限，不适于方法检出限。

（5）方法定量限。样品中被测组分能被定量测定的最低浓度或最低量，此时的分析结果应能确保一定的正确度和精密度。

采用同样浓度水平的有证标准物质、标准物质或标准添加样品进行测定，独立测试次数不少于6次，其正确度和精密度应满足该浓度水平下方法正确度的回收率范围和重复性条件下精密度的要求。

释义及注意事项：

方法验证时方法定量限的添加量即为标准中给出的定量限的值。

（6）精密度（重复性）。一般对方法的验证只验证方法的重复性，重复性的测定应在自由度至少为6的情况下测定。对一个样品测定7次；或对2个样品，每个样品测定4次；或对3个样品，每个样品测定3次。方法重复性可通过准备不同浓度的样品或浓度与做方法回收率相近的样品（样品可以是实际样品，也可采用添加所需分析物的空白样品或实际样品），在短时间内由同一操作者进行分析测定，并计算平均值、标准偏差和相对标准偏差，应符合表5-3的要求。

（7）正确度。正确度的评估是通过回收率进行。在测定回收率时应考虑覆盖整个浓度范围，即在进行回收率试验时，应对不同浓度水平的样品进行测定（至少对高或低含量进行测试）。一般需测定3个浓度水平的添加回收率，农兽残的方法定量限、MRL、2MRL。

（8）稳健度。稳健度可通过由实验室引入预先设计好的微小的合理变化因素，并分析其影响而得出。分析稳健度时，应关注以下内容：

①人员：选择具备条件的技术人员；对标准涉及的内容进行培训；考核合格后持证上岗。

②仪器设备：要满足检测方法的要求；检定（校准）和期间核查的结果要满足检测方法的要求；仪器的灵敏度和精密度要满足检测方法的要求；有仪器设备操作和维护规程。

③材料：对检测用试剂和耗材的质量按检测方法标准的要求进行验证；不会对检测组分产生干扰；要有符合要求的保存条件；有严格的领用与管理制度。

④标准物质和标准溶液：标准物质有证书，可溯源；在有效期内；有符合要求的保存条件；标准溶液有配制记录，有编号，可溯源。

⑤环境：环境条件可满足检测要求；对相互干扰的区域进行有效隔离。

⑥样品：有样品接收、保存、制备、传递、清理程序；样品的数量和状态要满足检测的要求。

不同实验室间这些因素可能有一个数量级的变化，因此应对这些因素做适当修改以符合实验室的具体情况。确定可能影响结果的因素，一旦发现对测定结果有显著影响的因素，应进一步试验（宜采用正交试验设计进行稳健度试验），以确定这个因子的允许极限。对结果有显著影响的因素应在标准方法中明确注明。

释义及注意事项：

1.检验是基于测试数据或其他信息来源，依靠人的经验和知识，对测试对象是否符合相关规定进行判定的活动，其输出为判定结果。

2.检测是依据相关标准和技术规范，使用仪器设备，在规定的环境条件下，按照相应程序对测试对象的属性进行测定或者验证活动，其输出为测试数据。

3.要分清检验依据与检测依据的区别。检验依据是判定依据，一般为产品标准、限量标准等。检测依据是相关检测方法标准和技术规范，一般为检测方法标准。在检测原始记录中，要填写检测依据。

4.灵敏度是测量系统的示值变化除以相应被测量的量值变化所得的商。

5.定性方法是根据物质的化学、生物或物理性质对其进行鉴定的分析方法。

6.定量方法是测定被分析物的质量或质量分数的分析方法，可用适当单位的数值表示。

7.选择性是测量系统按规定的测量程序使用并提供一个或多个被测量的量值时，每个被测量的值与其他被测量或所研究的现象、物体或物质中的其他量无关的特征。

（七）方法验证

方法验证是实验室通过核查，提供客观有效证据证明满足检测方法规定的要求。

释义及注意事项：

1.检测方法验证的依据是GB/T 27417《合格评定 化学分析方法确认和验证指南》和GB/T 35655《化学分析方法验证确认和内部质量控制实施指南》。

2.实验室在使用新标准方法时，应验证操作该方法是否满足标准要求，即证实该方法能否在该实验室现有的设施设备、人员、环境等条件下获得满意的结果，必要时可参加能力验证或进行实验室间比对。

3.定量分析方法验证过程中关键的参数取决于方法的特性和可能检测到的样品基质的检测范围，至少应测定正确度和精密度。对于痕量分析实验室，还应确保获得适当的检出限和定量限。

4.典型检测方法验证参数的选择包括：方法检出限、方法定量限、灵敏度、选择性、线性范围、测量范围、基质效应、精密度、稳健度、正确度和测量不确定度等。

5.一般检测方法中给出的参数是方法检出限（被测物的含量接近“0”时需要）、方法定量限、线性范围、精密度、稳健度、正确度等参数，因此验证时至少要验证这六个参数。

通常情况下，只有当目标分析物的含量在接近“0”时才需要确定方法的检出限或定量限。当目标分析物的含量远大于方法定量限时，没有必要评估方法的检出限或定量限，如常量分析。对于农兽残和重金属检测来讲，由于都是痕量检测，因此在方法验证时都需要对方法检出限和方法定量限进行验证。

二、内部质量控制

（一）检测过程的质控

检测人员按照检测方法要求开展质控，以确保检验检测结果准确可靠。原则上任何检验检测项目都应对每个项目、每批样品开展质控。质控样品一般有2种：一种在样品（该样品中被测组分的含量相对于加标量可以忽略不计，或已知其含量）中加入已知量的标准品，成为加标样品；另一种是选用与被测样品基体相同或相近的实物标准物质。

1.校准曲线的绘制和检验

应描述校准曲线的数学方程以及校准曲线的工作范围，浓度范围尽可能覆盖一个数量级，至少做5个点（不包括空白）。对于筛选方法，线性回归方程的相关系数不应低于0.98；对于确证方法，相关系数不应低于0.99。所测溶液中被测组分浓度应在校准曲线的线性范围内。可参照GB/T 27404《实验室质量控制规范 食品理化检测》开展校准曲线的绘制和检验。

（1）截距检验，即校准曲线准确度检验。在线性合格的基础上对其线性回归，得回归方程$y=a+bx$。然后将所得截距a与0作t检验，当取95%置信水平，经检验无显著性差异时，a作0处理，方程简化为$y=bx$，移项后$x=y/b$。在线性范围内，样品测量信号校正空白后，由曲线查阅并计算出试样的浓度。

当a与0有显著性差异时，说明代表校准曲线的回归方程的计算结果准确度不高，应找出原因并予以纠正之后重新绘制校准曲线，并经线性检验合格后，再计算回归方程，直至重新检验截距合格后才能使用，否则必将给测量结果带来系统误差。

（2）斜率检验，即方法灵敏度检验。斜率即回归系数，它是反映灵敏度的参数。方法的灵敏度是随条件的变化而改变的。在完全相同的分析条件下，仅由于操作中的随机误差而引起的斜率变化不应超出一定的允许范围，这个范围会因为分析方法的精密度不同而不同。

2.空白值

在常规分析中，空白值的测定需每次做平行实验，空白值应尽可能低，取其平均值作为同批试样测量结果的空白校正值。

3.精密度

精密度是指在规定条件下，相互独立的测试结果之间的一致程度。方法的精密度包括重复性和再现性。重复性是指在同一实验室，由同一操作者使用相同设备、按相同的测试方法，并在短时间内从同一被测对象取得相互独立测试结果的一致性程度；再现性是指在改变了检测条件下，对同一被检测样品的检测结果之间的一致性。

对于食品中的禁用物质，精密度实验应在方法测定低限、2倍方法测定低限和10倍方法测定低限3个水平进行；对于已制定最高残留限量（MRL）的精密度实验应在方法测定低限、MRL、选一合适点3个水平进行；对于未制定 MRL的，精密度实验应在方法测定低限、常见限量指标、选一合适点3个水平进行。重复测定次数至少为 6次。实验室内部的变异系数参考范围见表5-6。

表5-6　实验室内变异系数

被测组分含量	实验室内变异系数（CV）/%
0.1 μg/kg	43
1 μg/kg	30
10 μg/kg	21
100 μg/kg	15
1 mg/kg	11
10 mg/kg	7.5
100 mg/kg	5.3
1 000 mg/kg	3.8
1%	2.7
10%	2.0
100%	1.3

进行平行双样的测定，有助于减少偶然误差，也有助于估计同批测定的精密度。

（1）平行测定率。随机抽取10%~20%的样品进行平行双样测定，当同批样品数量较少时，应当增加双样的测定率。无质量控制样品和质量控制图的分析项目，应对全部样品进行平行双样测定。

（2）控制方法。分析人员在测定样品时，对同一样品称量两份，或由质控人员对平行双样密码进行编号，连同其他测定样品一起分发给分析人员，测定后检查。精密度计算实例，如表5-7。

表5-7　农产品中药物残留的精密度计算

类别	加标浓度/（μg/kg）	测定值/（μg/kg）	平均值/（$\bar{x}$+SD）	回收率/%	RSD/%
AA	10	8.06	7.89 ± 0.19	80.6	2.41
		7.68		70.8	
		7.94		69.4	
BB	10	7.63	7.52 ± 0.09	76.3	1.20
		7.45		74.5	
		7.49		74.9	
CC	10	7.56	7.73 ± 0.16	75.6	2.07
		7.88		78.8	
		7.76		76.6	

注：*RSD*为相对标准偏差或变异系数（CV），通常用来分析测试结果的精密度。相对标准偏差 $RSD=\frac{\text{标准偏差（SD）}}{\text{计算结果的算术平均值}(\bar{x})}\times 100\%$。

4.准确度

方法的准确度是指所得结果与真值的符合程度。农药残留检测方法的准确度一般用回收率进行评价。对于食品中的禁用物质，回收率应在方法测定低限、2倍方法测定低限和10倍方法测定低限进行3个水平试验；对于已制定MRL的，回收率应在方法测定低限、MRL、选一合适点进行水平试验；对于未制定MRL的，回收率应在方法测定低限、常见限量指标选一合适点进行3个水平试验。回收率试验与偏差范围参考表5-8。

表5-8　回收率试验与偏差范围

被测组分含量/（mg/kg）	偏差范围/%
＞100	95~105
1~100	90~110
0.1~1	80~110
＜0.1	60~120

重复分析标准物质（实物标样）或水平测试样品，测定含量（经回收率校正后）平均值与真值的偏差指导范围参考表5-9。

表5-9　测定值与真值的偏差指导范围

真值含量/（mg/kg）	偏差范围/%
＜0.001	–50~20
0.001~0.01	–30~10
0.01~10	–20~10
10~1 000	＜15
1 000~10 000	＜10
＞10 000	＜5

（二）使用标准物质或质量控制物质

1.质控样品

质控样品是插入分析批中与检测样品一同经历同样检测过程的样品。质控样品应对检测样品具有可靠的代表性，同时还应具备：

（1）质控样品和检测样品应有相同的误差来源。

（2）质控样品与检测样品应有相同的基质，包括可能与准确度有关的次要成分也应相同。

（3）质控样品与检测样品应具有相似的物理状态，如与检测样品具有相同的粉碎状态。

（4）被测目标组分浓度范围应同检测样品基本一致，并被准确赋值。

用于分析系统核查（质控部门或质控人员实施）的质控样品应具备性质稳定、含量不变、足够均匀和数量足够。

2.分析批

在检测过程中，应使用相同方法和程序，将具有相同或相近物理化学性质的样品组成一个分析批。在分析批中应随机安排质控样品检测批分析过程，将分析过程中由于系统的微小变化所导致的系统效应转化为随机效应。

释义及注意事项：

每批检测样品都应附带空白（或阴性样品）、加标回收（或已知值样品）、重复样品；检测顺序为：空白（或阴性样品）、样品、加标回收（或已知值样品）、重复样品。进样顺序：试剂空白、样品空白、（中等浓度溶剂标准样品）、低浓度标准样品（基质配制）、高浓度标准样品（基质配制）、试剂空白（或样品空白）、待检样品。

每间隔20个样品附带一组质控样品，样品量不足20个也视为一批，实施完整的检测过程质量控制。使用有证标准样品进行重复性分析，研究正确度，重复检测的平均值与接受参考值的偏差不得超过±10%。

对于仲裁检验和验证试验，阳性对照（实物标样或加标样品）中目标组分含量或浓度应大致等于允许限量或方法检出限的2~3倍。阴性对照和试剂空白样品应与每批样品一同分析。

释义及注意事项：

1.随同样品测试做控制样品的测定，用统计方法对控制样品的测定结果进行评价。控制样品一般有以下两种：

（1）在样品（该样品中被测组分的含量相对加标量可以忽略不计，或者已知其含量）中加入一定量的标准物质，成为加标样品。

（2）选用与被测样品基体相同或相近的实物标准样。

2.控制样品中被测组分的含量应与被测样品接近，若被测样品为未检出，则控制样品中被测组分的含量应在方法测定低限附近。

3.控制样品测定结果的回收率应符合要求。

4.绘制质量控制图，观察测试工作的稳定性、系统偏差及其趋势，及时发现异常现象。

（三）加标回收

加标回收是在样品（该样品中被测组分的含量相对加标量可以忽略不计，或者已知其含量）中加入已知量的标准物质，成为加标样品，与试样同时进行测定，计算出加入待测组分的回收率。加标回收是检验测定结果准确度的一种方法，尤其是在没有质控样品时经常使用加标回收的方法进行准确度的质量控制。加标回收一般用来核查实验室的检测能力、测定方法或检测仪器的准确度及检测结果的准确性。

在测定成批样品时，需要随机抽取10%~15%的样品进行加标回收率测定。针对不合格样品，除对不合格者重新做加标回收率测定外，还需要再增加测定10%~15%的样品，并进行累计，直至符合测定要求为止。

加标样品测定回收率应符合要求。对于农产品中禁用的物质，回收率应在方法定量限、两倍方法定量限和十倍方法定量限进行3个水平试验。对于已制定最高残留限量（MRL）的，回收率应在方法定量限、MRL和再选一合适点进行3个浓度水平试验。对于未定制的MRL的，回收率应在方法测定下限、常见限量指标和再选一合适点进行3个浓度水平试验。

释义及注意事项：

1.做加标回收是否折算应参照GB/T 32465。一般情况下，应该使用回收率校正检测结果，除非有充分的理由说明不用回收率进行校正，这些理由通常是：

（1）认为分析方法是靠经验得来的。

（2）合同或法定要求不用回收率校正。

（3）已确认检测过程中回收率稳定且变动误差在可接受范围内。

2.加标样品选用与被测样品基质相同或者相近的实物标准样。加标样品中被测组分的含量应与被测样品相近，若被测样品为未检出，则加标样品被测组分的含量应在方法定量限附近。加标量不得大于样品中相应的待测组合含量的3倍；加标后的测定值不得超过校准曲线的测定上限。

（四）人员比对

人员比对是指选用两个或两个以上人员对同一样品（或同一批次样品），在相同的环境条件下，采用同一方法和仪器设备进行检测的活动。如果是未知浓度样品，则须至少测定5个数据点，确保其相对标准偏差在5%范围内；如果是已知浓度样品，则根据检测人员数据与已知浓度的差异性进行判定。

当检测项目可由多人进行操作时，实验室可采用人员比对的方式进行内部质量控制，从而考核测试人员的能力水平，判断人员操作是否正确、熟练，以评价人员对检测结果准确性、稳定性和可靠性的影响。

作为实验室内部质量控制的手段，人员比对优先适用于以下情况：

（1）依靠检测人员主观判断较多的项目，例如食品中的感官、品尝的项目。

（2）在培员工和新上岗的员工。

（3）检测过程的关键控制点或关键控制环节。

（4）操作难度大的项目或者样品。

（5）检测结果在临界值附近。

（6）新安装的设备。

（7）新开检测项目的参数。

（五）仪器比对

仪器比对是指在相同的环境、方法条件下，由相同的检测人员采用不同的仪器设备对同一样品进行检测的活动。

当检测项目可由多种设备进行操作时，实验室可采用仪器比对的方式进行内部质量控制，判断对测量准确度、有效性有影响的设备是否符合测量溯源性的要求，以评价仪器设备对实验室检测结果准确性、稳定性和可靠性的影响。

作为内部质量控制手段，设备比对优先适用于以下情况：

（1）新安装的设备。

（2）修复后的设备。

（3）检测结果出现在临界值附近的设备。

（六）方法比对

方法比对是指在相同的环境条件下，由相同的人员采用不同的检测方法对同一样品进行检测的活动。当检测项目可以由多种方法进行操作时，实验室可以采用方法比对进行内部质量控制，判断检测所遵循的标准或者方法是否被严格地理解和执行，以评价检测方法对试验检测结果准确性、稳定性和可靠性的影响。

作为实验室内部质量控制的手段，方法比对优先适用于以下情况：

（1）刚实施的新标准或者新方法。

（2）引进的新技术、新方法或研制的新方法。

（3）已有的具有多个检验标准或方法的项目。

（七）留样复测

留样复测是针对同一样品进行多次检测，可以是同人同仪器不同时间，也可以是不同人不同仪器不同时间进行检测的活动。

实验室通过对留存样品进行再次测量，比较分析上次测试结果与本次测试结果的差异，用以发现实验室因偶然因素对实验室检测结果准确性、稳定性和可靠性的影响。

作为内部质量控制手段，留样再测可在下列情况中采用：

（1）验证检测结果的准确性。

（2）验证检测结果的重复性。

（3）对留存样品特性的监控。

（八）质量控制图

质量控制图是内部质量控制技术的重要方法。根据不同的控制目的，可采用多种形式的控制图。化学分析实验室内部质量控制用到的最重要的控制图有两类，即X-图（单值图）和R-图（极差图）。

1.X-图

以单个分析结果或多个分析结果的单值、均值、回收率、标准值、空白值等绘制的X-图，可用于监控控制值的系统效应和随机效应。如果使用与待测样品类似的标准物质作为控制样品，则可以监控偏倚（bias）。与单值图相比较，均值图难于区别批内和批间精密度。

空白值X-图是X-图的一个特殊应用，它是基于对不含分析物或分析物含量非常低的样品（空白样品）的分析。空白值X-图可以提供关于试剂污染和测量系统状态的特殊信息。空白值的期望值是0，因此，理想情况下空白值X-图的中位线应是零值线。

回收率X-图是X-图的另外一个特殊应用。可以通过对样品加标并测定加标回收率的方法来检验基体对分析程序的干扰。回收率的期望值是100%，因此，理想情况下回收率X-图的中位线应是100%。

2.*R*-图（*r*%-图）

极差（*R*）是指两个或两个以上独立样品的单个测量结果中最大值和最小值之差。*X*-图表明控制值落在控制限内的情况，而*R*-图的首要目的是监控重复性。

在一个分析批中对待测样品进行双样重复分析，计算两个平行结果之间的差值，然后将差值绘制在控制图上，则可得到最简单的*R*-图。极差通常与样品浓度成比例（在检出限水平以上）。因此，控制图中的控制值更宜采用相对极差值即*r*%，得到的控制图即为*r*%-图。

3.绘制均值控制图

控制样品的浓度和组成，使其尽量与待测样品相似，用同一方法在一定时间内（例如每天分析一次平行样）重复测定，至少累积20个数据（不可将20个重复实验同时进行，或一天分析两次或两次以上）。计算每组数据平均值（$\bar{x}$），所有值的标准偏差（*S*），均不得大于标准分析方法中规定的相应浓度水平的标准偏差值、平均极差等。

以测定顺序为横坐标，相应的测定值为纵坐标作图。同时做有关控制限。

质量控制图是以单值为中位线，±*S*为上下辅助限，±2*S*为上下警告限，±3*S*为上下控制限。测定值在±3*S*范围内置信概率为99.73%，在±2*S*内置信概率为95.45%，在±*S*内置信概率为68.26%。若置信概率少于50%，则分布不合适，此图不可靠。若连续7点位于中心线同一侧，表示数据失控，此图不适用。

控制图绘制后，应标明绘制控制图的有关内容和条件，如测定项目、分析方法、溶液浓度、温度、操作人员和绘制日期等。

均值控制图的使用方法：根据日常工作中该项目的分析频率和分析人员的技术水平，每间隔适当时间，取两份平行的控制样品，随样品同时测定，对操作技术较低的人员和测定频率低的项目，每次都应同时测定控制样品，将控制样品的测定结果（均值）依次点在控制图上，根据下列规定检验分析过程是否处于控制状态。

释义及注意事项：

1.如果控制样品的测定结果在上、下警告限之间区域内，则测定过程处于控制状态，样品分析结果有效。

2.如果控制样品的测定结果超出上、下警告限，但仍在上、下控制限之间的区域内，提示分析质量开始变劣，可能存在“失控”倾向，应进行初步检查，并采取相应的校正措施。

3.若控制样品的测定结果落在上、下控制限之外，表示测定过程“失控”，应立即检查原因，予以纠正。应对样品进行重新测定。

4.如遇到7点连续上升或下降时（虽然数值在控制范围之内），表示测定有“失控”倾向，应立即查明原因，予以纠正。

5.即使过程处于控制状态，尚可根据相邻几次测定值的分布趋势，对分析质量可能发生的问题进行初步判断。当控制样品测定次数累积更多以后，这些结果可以和原始结果一起重新计算总均值、标准偏差，再校正原来的控制图。

三、外部质量控制

外部质量控制是在实验室内部质量控制的基础上进行的，其目的也是发现和消除实验室检测结果存在的系统误差和影响因素，保证测试结果的可溯源性和可比性。

检验检测机构能力的外部评价通常表现为两种方式。一是由检验检测机构资质管理部门组织的现场考核评审；二是通过能力验证活动的方式来评价检验检测机构的技术能力。

（一）能力验证

1.能力验证概念及组织

能力验证是指利用实验室间指定检测数据的比对，确定实验室从事特定测试活动的技术能力。

（1）应用范围。确定实验室检测能力的维持状况；识别实验室中存在的问题，如人员水平等；确定新方法的性能、有效性和可比性；识别实验室间的差异；为标准物质定值及评价其适用性。

（2）作用。评价实验室检测能力的重要技术手段；弥补实验室内部质控的有效外部措施；实验室相互认可的基础；实验室现场评审的补充；增加客户对实验室能力的信任。

（3）主要类型。实验室间量值比对、实验室间检测比对、分割样品检测比对、定性比对、已知值比对、部分过程比对。

（4）能力验证组织机构。CNAS、各行业主管部门、协会等都可以在一定范围内组织。

2.能力验证的评价方法

定性能力验证的评价方式，与其性质和要求有关，不同的专业和行业有不同的评价要求和评价形式。通常只需根据参加者的检测结果与指定值是否准确一致，即可给出合格或不合格、满意或不满意的能力评价。但在某些能力验证计划中，要求对参加者进行多方面的综合评价，参加者的报告需提供给多位专家，最后协商给出公议的结论，并赋予参加者整体的评价或评分。

定量能力验证结果通常需要转化为能力统计量，以便进行解释和与其他确定的目标做比较，其目的是依据能力评定标准来度量与指定值的偏离。

（1）指定值的确定。在能力验证计划中，指定值是指与参加者结果比对的、可被接受的参考值或特性，该值对于给定的目的，充分接近于真值。对于定量能力验证计划，通常有以下五种确定方法：

①配制值：当能力验证物品为将包含待测特性在内的相关组分按规定的比例混合，或与不含被测量或被测量精确已知的基质混合，制成人工配制的模拟样时，这时特性的指定值可以直接依据加入的比例确定，有时也可经测试进行核验。

②有证标准物质/标准样品（CRM）。

③由一个检验检测机构定值：能力验证物品可由一个具有能力资质的检验检测机构来确定指定值，其方法类似于CRM中利用单个实验室定值的方式。

④专家实验室公议值。

⑤参加者结果公议值：这是能力验证计划中最为常用的方法，尤其对参加者较多的能力验证计划，数据处理一般采用稳健统计技术，指定值的计算多采用中位值或稳健平均值。

（2）能力统计量的确定与能力评价。常用的能力统计量有偏差或百分相对差（D或$D\%$）、Z值和E_n值。这几种能力统计量的计算及相应能力评价方法如下：

①偏差（测量误差）或百分相对差：

$$D = x - X \text{ 或 } D\ (\%) = \frac{x - X}{X} \times 100$$

式中：

x——参加者结果；

X——指定值。

偏差（测量误差）或百分相对差的判定准则：

若 δ_E为某特性量的最大测量允许误差，则$|D| < \delta_E$ 被认为是可接受的结果，符合能力判定准则的要求。该判定准则也可用于相对误差表示，即$|D\%| < \delta_E / X \times 100\%$为可接受的结果。

②Z比分数：Z比分数是能力验证中广为应用的能力评定统计量，它是利用参加者结果与指定值的差值，与能力评定标准差相除而得。

a.通用公式。

$$Z = \frac{x - X}{\hat{\sigma}}$$

式中：

$\hat{\sigma}$——能力评定标准差。

$\hat{\sigma}$ 可由以下方法确定：

•与能力评价的目标和目的相符，由专家判定或法规规定（规定值）。

•根据以前轮次的能力验证得到的估计值或由经验得到的预期值（经验值），具体计算公式参见国家标准《利用实验室间比对进行能力验证的统计方法》（GB/T 28043）中式（10）。

•由统计模型得到的估计值（一般模型）。

•由精密度试验得到的结果，具体计算公式参见GB/T 28043中式（15）。

•由参加者结果得到的稳健标准差或传统标准差等。其中，稳健标准差的计算参见GB/T 28043中附录C的算法A。

b.中位值和标准化四分位距。

$$Z = \frac{x - \text{中位值}}{NIQR}$$

式中：

NIQR——标准化四分位距，$NIQR = 0.7413 \times$（上四分位距－下四分位距）。

*Z*比分数的判定准则如下：

$|Z| \leqslant 2.0$，表明结果“满意”，无须采取进一步措施。

$2.0 < |Z| < 3.0$，表明结果“有问题”，产生警诫信号。

$|Z| \geqslant 3.0$，表明结果“不满意”，产生措施信号。

③E_n值：E_n值用于评价参加者结果与指定值的偏差是否在其声称的不确定度内。

$$E_n = \frac{x - X}{\sqrt{U_{\text{lab}}^2 + U_{\text{ref}}^2}}$$

式中：

x——参加者的结果；

X——参考机构的指定值；

U_{lab}——参加者的结果*x*的扩展不确定度；

U_{ref}——参考机构指定值*X*的扩展不确定度。

注1：当参加者可能对其不确定度理解不足，且不能用统一的形式作出报告时，应谨慎使用E_n值。尽管如此，将不确定度的信息和能力验证结果的解释相结合，这对加强这个问题的理解有很大帮助。当用扩展因子2.0计算扩展不确定度时，E_n的临界值1.0等价于Z值，得临界值2.0。

注2：当按JJF 1059《测量不确定度评定与表示》评定不确定度时，E_n值表明了每个结果的扩展不确定度估计值的有效性。若$|E_n|<1$，则客观上表明不确定度估计值与JJF 1059中扩展不确定度的定义是一致的。

在利用E_n值方法时，为了正确评价参加者的能力，参加者声称的不确定度必须正确可靠，否则E_n值的评定将失去意义。

E_n值的判定准则如下：

$|E_n|\leqslant 1$，为可接受的满意结果；

$|E_n|>1$，为不满意结果。

3.能力验证前的准备工作

（1）人员。操作人员须熟悉检测方法，了解整个样品前处理过程以及仪器操作整个流程的关键点和细节内容，检测经验丰富，能够处理疑难问题。整个检测过程实行双人监督，避免出现偏差。

（2）仪器。根据考核项目、样品干扰、基质效应、不同方法间的差异性选择仪器设备；对仪器进行维护保养，必要时更换仪器耗材，保证仪器性能处于最佳状态；根据实际情况，提前一段时间不选择考核同类样品之外的其他样品，防止对考核结果带来干扰。

（3）材料。

①标准品：使用有证标准溶液（尽可能使用与考核单位添加的标准品同源的标准品）配制标准储备液，浓度依需要而定，10 μg/mL、20 μg/mL或50 μg/mL皆可。配制标准溶液所用的器皿需计量检定（不建议使用移液枪）。

②自备空白样品：制备与考核样品一致，且不含被考核参数的空白样品。空白样品准备尽量充足。

③试验器皿：应干净无交叉污染，涉及结果计算的应经计量检定且能够溯源。

④耗材：根据考核内容核查所需耗材，提前准备。

（4）方法。在考核文件所列考核项目的检测方法中，根据实验室能力以及实际情况挑选适宜的检测方法，尽量选择实验室常用方法。若满足两个及以上的检测方法，则考量方法使用的正确度、精密度和熟练程度选择最优。

（5）环境。符合实验室日常工作要求，满足相关检测需要。

（6）操作。考核前用空白基质对考核参数做添加回收试验。了解在该种基质中，每一种考核参数回收率的情况，并将回收率控制在相对稳定的范围内。

释义及注意事项：

浓度水平至少覆盖两个数量级，加标体积不超过0.5 mL。

（7）考核。

①标准工作液的配制：现用现配，浓度一般与质控样品添加量相一致。稀释介质液相一般为样品定容（上机）溶剂，气相或质谱是空白样品基质。

释义及注意事项：

气相或质谱配制基质标品时，可将1 mL空白基质氮吹近干，再加入1 mL相应浓度溶剂标品进行复溶。

②考核形式：考核样品一般有两种形式，一种为三个盲样（非均一样）和一个空白样，前处理提取步骤时盲样需全转移；另一种为一个盲样（均一样）和一个空白样，前处理时可根据需要称取。

③实验程序：实验一般分两次进行。

a.第一次实验：选取三个考核盲样中的一个（对于第二种形式则可称取一定量的盲样），并称取一定量的考核空白样品（一般不多于一半）按照标准检测，进行定性和初步定量，同时用自备样品进行添加回收试验。

自备样品可选取2~3个量进行添加，浓度水平至少覆盖两个数量级，每个浓度做2~3个平行（标品添加后静置时间要大于30 min，尽量长一些）。

第一次实验后，将标准品、考核空白样和考核盲样进行比较，确定考核参数。考核参数明确后，对考核盲样与自备添加样品结果进行对比。将与考核盲样添加浓度接近的自备样品浓度选出，用其添加回收率修订盲样测定值，初步确定盲样添加量。

释义及注意事项：

前处理时，农残考核样品如需得到尽量多的提取液，可采用布氏漏斗抽滤。

b.第二次实验：将剩余考核空白样和自备样品同时做添加回收试验（添加浓度以第一次测定结果为参考），对另两个考核盲样也进行平行检测。第二次实验后，对照自备样品添加回收试验，若回收率在90%~110%之间，可以不修正数据，直接上报；若回收率在90%~110%之外，可适当修正数据。

（8）不合格结果的原因分析。如果能力验证出现结果不合格的情况，可从以下几方面分析：仪器状态不稳定，平行测定差异大；标准溶液和样品浓度差异较大，导致结果定量偏差；标准配置过程中是否逐级稀释；是否使用未计量量器；进行标准溶液配制时是否未使用基质；检测过程中考核样和质控样平行性是否较差；原始记录不完整，无法溯源，上报数据与原始记录不符合、有效数字错位、项目填错等。

（二）实验室间比对

参加实验室间比对，可为实验室提供评价其出具数据可靠性和有效性的客观证据，评价实验室是否具有胜任其所从事的检测工作的能力，补充实验室内部的质量控制程序，增加客户对实验室能力的信任。

1.目的

（1）确定实验室进行某些特定检测或测量的能力，以及监控实验室的持续能力。

（2）识别实验室中的问题并制定相应的补救措施，这些措施可能涉及诸如个别人员的行为或仪器的校准等。

（3）确定新的检测和测量方法的有效性和可比性，并对这些方法进行相应的监控。

（4）增强实验室用户的信心。

（5）识别实验室间的差异。

2.定义

实验室间比对是按照预先规定的条件，由两个或多个实验室对相同或类似的测试样品进行检测的组织、实施和评价，从而确定实验室能力，识别实验室存在的问题与实验室间的差异，是判断和监控实验室能力的有效手段之一。

3.实验方案设计

参与比对实验方案设计的人员包括熟悉实验室质量管理、检测方法和统计学等方面工作的技术人员。必要时，可以成立比对实验技术小组，负责方案的设计，监督方案的实施，以及对比对过程进行指导，比对方案的内容一般包括：

（1）目的。

（2）开始时间和结束时间。

（3）比对形式、检测项目、仪器设备、检测方法、参加人员等。

（4）所用样品的描述，例如均匀性、稳定性、发放形式和处置要求。

（5）检测技术的要求，例如重复测试次数的要求。

（6）记录要求。

（7）评价方法和判断的准则。

（8）出现不符合处置的要求。

（9）其他需要特殊注意的事项。

4.对样品的要求

（1）样品要求。用于比对实验的样品需要满足以下要求：

①样品有充分的均匀性和稳定性，在适合的条件下保存。

②样品的数量应能够满足所有测试项目的要求，必要时要留出附加测试的样品。

③样品的制备应有文件化处理程序，在使用前应对样品进行确认。

（2）样品的制备和准备。比对试验的样品可分为阴性样品和阳性样品。对于阳性样品，可通过以下途径获得：

①自制样品：在了解样品制备方式的情况下，实验室可以利用自有的仪器设备进行简单样品的制备，也可以合作制备。无论采用哪种制备方式，制备的样品都应经过抽样检验，评价其均匀性和稳定性，证实其可用于比对试验。

②阳性留样：在日常检测过程中遇到的阳性样品，可以根据样品和目标检测项目的性质，选择是否将该样品留存并用于比对试验。运用此类样品进行比对试验时，应确认此类样品在上次检测完成后一直处于符合要求的妥善保存状态，并通过专家评估或样品评价等有效手段确证其中被分析物的成分和含量没有发生变化。

③标准样品或质控样品：有证标准物质、参加实验室间比对或能力验证活动剩余的比对样品以及实验室质控样品，通常均匀性比较好，且具有指定的参考值和测量不确定度。因此，这类样品只要确认其一直处于符合要求的妥善保存状态，均可用作比对试验样品。

④加标样：同时在一系列称取好的样品中分别添加适当浓度的标准物质。添加的过程应独立于检测过程，添加的人员应为有经验的技术人员，添加的浓度应符合比对试验的目的，添加的体积应准确、少量，添加后的样品应在适当的条件下进行一定时间的放置。

（3）样品的处置。

①样品制备或准备完毕后，应使用不会对检测结果造成影响的方式分装样品，按比对试验方案规定的方式或实验室相关质量控制程序文件的要求分发样品。

②如果对样品的处置会影响试验结果，则应在比对试验计划实施方案中清楚说明，或用特殊说明的方式让检测人员加以注意。检测人员接到样品后，应按要求对其妥善保管。

③样品的唯一性标识和检验状态标识应符合实验室体系的要求。

（4）比对试验的开展。

①确认其环境条件不会对所要求的检测质量产生不良影响。

②确认用于检测的对结果准确性或有效性有显著影响的所有设备，包括

辅助测量设备（例如，用于测量环境条件的设备），经过校准并通过有效的期间核查，保持其校准状态的置信度。

③参与比对试验的人员，应按检测方法的要求进行测试，如实记录试验结果及相关信息，提交检测报告和原始记录。

④当试验过程中出现可能影响比对试验结果统计分析的意外情况时，应及时分析各种因素，与检测人员进行充分协调，并作出继续按原试验方案进行或修改原试验方案、执行新方案的决定。

5.比对结果评价

（1）统计学评价（t检验）。对于任何形式的比对试验，当每组检测的平行测量次数n较多（$n \geqslant 6$）时，可先对两组比对数据按F检验步骤进行方差分析，判断两个均值的精密度是否存在显著性差异。若无显著性差异，即为两组测定结果等精度，继续按t检验步骤对比对试验结果进行评价。

（2）人员比对。当方法规定了允许差时，将进行人员比对的具有较高准确度的一方的测定值作为参考值，比对试验结果按下式进行评价：

$$\frac{|x_i - x|}{x} \times 100 \leqslant D\%$$

式中：

x_i——比对方的测定值；

x——参考方的测定值；

$D\%$——方法规定的允许差，以百分数（%）计。

评价结果若满足上式，表明比对试验结果满意；若不满足上式，表明比对试验结果不满意。

当方法没有规定允许差时，进行人员比对的双方应对测定值的测量不确定度进行评定，比对试验结果按下式进行评价：

$$|y_1 - y_2| \leqslant \sqrt{U_1^2 + U_2^2}$$

式中：

y_1——比对一方人员的测定值；

y_2——比对另一方人员的测定值；

U_1——比对一方人员测定值y_1的测量不确定度，$k=2$；

U_2——比对另一方人员测定y_2的测量不确定度，$k=2$。

若满足上式，表明比对试验结果满意；若不满足上式，表明比对试验结果不满意。

（3）方法比对。方法比对试验结果按下式进行评价：

$$|y_1-y_2| \leqslant \sqrt{U_1^2+U_2^2}$$

式中：

y_1——第1种方法的测定值；

y_2——第2种方法的测定值；

U_1——第1种方法测定值y_1的测量不确定度，$k=2$；

U_2——第2种方法测定值y_2的测量不确定度，$k=2$。

评价结果若满足上式，表明比对试验结果满意；若不满足上式，表明比对试验结果不满意。

（4）设备比对。

①两台设备比对：当一台设备与另一台高准确度等级设备进行比对时，将高准确度等级设备的测定值作为参考值，比对试验结果按下式进行评价：

$$|y_1-y_0| \leqslant \sqrt{U_1^2+U_0^2}$$

式中：

y_1——比对方的测定值；

y_0——参考方的测定值；

U_1——比对方测定值的测量不确定度，$k=2$；

U_0——参考方测定值的测量不确定度，$k=2$。

评价结果若满足上式，表明比对试验结果满意；若不满足上式，表明比对试验结果不满意。

②多台设备比对：当对多台相同准确度等级的设备进行比对时，比对试验结果按下式进行评价：

$$|y_i-\bar{y}| \leqslant \sqrt{\frac{n-1}{n}}U$$

式中：

y_i——第i台设备的测定值；

$\bar{y}$——多台相同准确度等级设备测定值的平均值；

n——参加比对的设备台数；

U——参加比对的多台相同准确度等级设备的测量不确定度，$k=2$。

评价结果若满足上式，表明比对试验结果满意；若不满足上式，表明比对试验结果不满意。

（5）留样再测。留样再测时，比对试验结果按下式进行判定：

$$|y_1-y_2| \leqslant \sqrt{2}U$$

式中：

y_1——对样品的首次测定值；

y_2——对样品进行留样再测的测定值；

U——测定值的测量不确定度，$k=2$。

评价结果若满足上式，表明比对试验结果满意；若不满足上式，表明比对试验结果不满意。

6.比对试验的报告

比对试验结果报告的内容一般包括（但不仅限于）以下方面：

（1）目的。

（2）开始时间和结束时间。

（3）比对形式、检测项目、仪器设备、检测方法、参加人员等。

（4）所用样品的描述，例如：均匀性和稳定性的评估结论、发放形式和处置要求等。

（5）检测原始记录。

（6）结果评价准则和评价结论。

（7）结果异常时，还应包括原因分析及整改措施要求。

（8）评价人、审核人和批准人。

必要时，比对试验结果报告还应该包含对试验结果数据的一致性、对有可能影响试验结果的各种因素、对异常试验结果数据等的分析，并探讨出现异常可能的原因，需要时提出改进建议。

7.结果利用

比对试验的评价结果分为满意和不满意。根据工作需要，实验室可增加用于比对试验结果评价的临界可疑判据的规定。

比对试验结果满意时，认为实验室对检测结果的监控有效，符合内部质量控制的要求。比对试验结果为可疑时，实验室应尽快分析出现疑问的原因，并开展有效的改进活动，必要时修改体系文件。

8.应提交的报告资料

（1）《实验室间比对结果及评价》。

（2）《检测报告》。

（3）检测原始记录或采集的原始图谱。

（4）仪器设备的检定（校准）证书复印件，标准物质证书复印件。

（5）方案要求的其他资料。

四、结果数据评价

（一）数据处理的顺序

（1）可疑数据的取舍。

（2）两组测量值的精密度，即偶然误差有无显著性差异。

（3）一组测量值是否存在显著的系统误差，或两组测量值之间是否存在显著性差异。

（二）分析数据处理

分析数据离群值检验，可疑数据的取舍可使用*Q*检验法或格鲁布斯法；分析数据统计检验，判定数据是否存在明显系统误差可使用*F*检验法和*t*检验法。

1.*Q*检验

*Q*检验法（又叫舍弃商法）是一种由迪克森（W.J.Dixon）在1951年专为分析化学中少量观测次数（$3<n<10$）提出的简易判据式。

按以下步骤来确定可疑值的取舍：

（1）将各数据按递增顺数排列：X_1，X_2，X_3，…，X_{n-1}，X_n。

（2）求出最大值与最小值的差值（极差）$X_{max}-X_{min}$。

（3）求出可疑值与其最相邻数据之间的差值的绝对值。

（4）求出*Q*（*Q*=差值的绝对值／极差）。

（5）根据测定次数*n*和要求的置信水平（如95%）查表（见表5-10）得到值。

（6）判断。若计算$Q>Q_{表}$，则舍去可疑值，否则应予保留。

表5-10　Q检验法置信水平表

测定次数n	Q（90%）	Q（95%）	Q（99%）
3	0.90	0.97	0.99
4	0.76	0.84	0.93
5	0.64	0.73	0.82
6	0.56	0.64	0.74
7	0.51	0.59	0.68
8	0.47	0.54	0.63
9	0.44	0.51	0.60
10	0.41	0.49	0.57

2.格鲁布斯（Grubbs）法

格鲁布斯法是指分析化学中用于判断一组数据中可疑值的取舍方法。

$$T=\frac{\left|X_{质疑}-\overline{X}\right|}{S}$$

式中：

S——这组数据的标准差。

之后，对比计算出的T值与数据表中的T值，若计算出的T值比查表得到的相应值大，则舍去可疑值。检验用数据见表5-11。

表5-11　格鲁布斯法置信水平表

测量次数n	显著性水平α		
	α＝0.05	α＝0.025	α＝0.01
3	1.15	1.15	1.15
4	1.46	1.48	1.49
5	1.67	1.71	1.75
6	1.82	1.89	1.94
7	1.94	2.02	2.10
8	2.03	2.13	2.22
9	2.11	2.21	2.32
10	2.18	2.29	2.41

3.F检验

F检验法是检验两个正态随机变量的总体方差是否相等的一种假设检验

方法。通过比较两组数据的方差S^2，以确定它们的精密度是否有显著性差异。至于两组数据之间是否存在系统误差，则在进行F检验并确定它们的精密度没有显著性差异之后，再进行t检验。

样本标准偏差的平方：

$$S^2=\sum\frac{(x-\bar{x})^2}{n-1}$$

两组数据就能得到两个S^2值，$S^2_{大}$和$S^2_{小}$

$$F=\frac{S^2_{大}}{S^2_{小}}$$

由表5-12中$f_{大}$和$f_{小}$（f为自由度$n-1$），查得F表，然后对计算的F值与查表得到的F表值进行比较，如果$F<F_{表}$，表明两组数据没有显著差异；若$F\geqslant F_{表}$，表明两组数据存在显著差异。

表5-12　置信度95%时F值（单边）

$f_{大}$ / $f_{小}$	2	3	4	5	6	7	8	9	10	∞
2	19.0	19.16	19.25	19.30	19.33	19.36	19.37	19.38	19.39	19.5
3	9.55	9.28	9.12	9.01	8.94	8.88	8.84	8.81	8.78	8.53
4	6.94	6.59	6.39	6.26	6.16	6.09	6.04	6.00	5.96	5.63
5	5.79	5.41	5.19	5.05	4.95	4.88	4.82	4.78	4.74	4.36
6	5.14	4.76	4.53	4.39	4.28	4.21	4.15	4.10	4.06	3.67
7	4.74	4.35	4.12	3.97	3.87	3.79	3.73	3.68	3.63	3.23
8	4.46	4.07	3.84	3.69	3.58	3.50	3.44	3.39	3.34	2.93
9	4.26	3.86	3.63	3.48	3.37	3.29	3.23	3.18	3.13	2.71
10	4.10	3.71	3.48	3.33	3.22	3.14	3.07	3.02	2.97	2.54
∞	3.00	3.60	2.37	3.21	2.10	2.01	1.94	1.88	1.83	1.00

注：横向为大方差数据的自由度；纵向为小方差数据的自由度。

4.t检验

t检验法两组检测数据属于独立样本的双总体。t检验按照下式计算：

$$t=\frac{\bar{X}_1-\bar{X}_2}{\sqrt{\frac{(n_1-1)S_1^2+(n_2-1)S_2^2}{n_1+n_2-2}(\frac{1}{n_1}+\frac{1}{n_2})}}$$

S_1^2和S_2^2为两样本方差；n_1和n_2为两样本容量。$\overline{X}_1$和$\overline{X}_2$分别为两组数据测量的平均值。

根据t检验法，取置信度为95%，$\alpha=0.05$，查T临界值表5-13得出t表值。

$t<t_{表}$，表明两组数据没有显著差异；

$t\geqslant t_{表}$，表明两组数据存在显著差异。

表5-13　T临界值表（V是指自由度）

项目	数值				
单侧 α	0.10	0.05	0.025	0.01	0.005
双侧 α	0.20	0.10	0.05	0.02	0.01
V=1	3.078	6.314	12.706	31.821	63.657
V=2	1.886	2.920	4.303	6.965	9.925
V=3	1.638	2.353	3.182	4.541	5.841
V=4	1.533	2.132	2.776	3.747	4.604
V=5	1.476	2.015	2.571	3.365	4.032
V=6	1.440	1.943	2.447	3.143	3.707
V=7	1.415	1.895	2.365	2.998	3.499
V=8	1.397	1.860	2.306	2.896	2.355
V=9	1.383	1.833	2.262	2.821	3.250
V=10	1.372	1.182	2.228	2.764	3.169

第六章　速　测

现阶段蔬菜农药残留主要是有机磷和氨基甲酸酯类农药超标，而对人体造成危害的是农药残留总量。农药残留速测方法正适应了以上两个特点，可以快速检测上述两类农药严重超标的蔬菜水果，防止食用后引起急性中毒，同时还具有短时间内可检测大量样本、检测成本低、对于检测人员技术水平要求低、易于在基层推广等特点，是现阶段我国控制高毒农药残留的一种有效方法。

蔬菜中有机磷和氨基甲酸酯类农药残留的快速测定主要是基于酶抑制法，目前常用的仪器类型有：卡片式速测仪（速测卡）参照国家标准GB/T 5009.199《蔬菜中有机磷和氨基甲酸酯类农药残留量的快速检测》；多通道农残速测仪（分光光度法）参照国家标准GB/T 5009.199《蔬菜中有机磷和氨基甲酸酯类农药残留量的快速检测》和NY/T 448《蔬菜上有机磷和氨基甲酸酯类农药残毒快速检测方法》。动物源性样品中克伦特罗的快速检测主要用金标法和酶联免疫法，参照动物源食品中兽药残留检测方法（农牧发〔2001〕38号）。

一、速测卡法——蔬菜中有机磷和氨基甲酸酯类农药残留快速检测

参照国家标准《蔬菜中有机磷和氨基甲酸酯类农药残留量的快速检测》（GB/T 5009.199）。

（一）原理

胆碱酯酶可催化靛酚乙酸酯（红色）水解为乙酸与靛酚（蓝色），有机磷或氨基甲酸酯类农药对胆碱酯酶有抑制作用，使催化、水解、变色的过程发生改变，由此可判断出样品中是否有高剂量有机磷或者氨基甲酸酯类农药的存在。

（二）实验步骤

该实验一般需要四个步骤。

1.取样

以下为几类蔬菜的取样方法：菠菜、莜麦菜、生菜等叶菜类，先去掉外侧干叶、腐叶，擦去表面泥土，用内径1 cm的不锈钢管取样器，取不同植株、不同叶片的样本，不少于10片。大白菜、青花菜、花椰菜等，在菜球或花球部分用内径1 cm的不锈钢管取样器从对称位置，穿至1~1.5 cm位置取样。茄子、西葫芦等，用内径1 cm的不锈钢管取样器从对称位置表皮至果肉1~1.5 cm处取样。

释义及注意事项：

1.取样前后均清洗或者擦拭取样工具，样品不可清洗。

2.一些含有刺激性气味的特殊样品（葱、蒜、萝卜、韭菜、芹菜、香菜、茭白、蘑菇及番茄等）汁液中含有对酶有影响的植物次生物，不宜采用本方法。

3.当温度条件低于37 ℃，酶反应的速度随之放慢，药片加液后放置反应的时间应相对延长，延长时间的确定，应以空白对照卡用手指（体温）捏3 min可以变蓝，即可往下操作。注意样品放置的时间应与空白对照卡放置的时间一致才有可比性。空白对照卡不变色的原因：一是药片表面缓冲溶液加得少，预反应后的药片表面不够湿润，二是温度太低，需进行适当的保温。

2.称量和提取

（1）称量。样品混匀后，用镊子夹取样品，以感量为0.1 g的电子天平，在提取瓶内称量5.0 g样品。

（2）提取。量取10 mL磷酸缓冲液，加入提取瓶中，盖紧盖子，震荡约50次，1~2 min（色素含量较高的蔬菜减少震荡时间），每批测定应设一个缓冲液的空白对照，实验过程与样品测定一致。

（3）静置。将提取液移至10 mL试管里，静置2 min，待用。

释义及注意事项：

磷酸缓冲溶液的配制：称取15.0 g磷酸氢二钠与1.59 g无水磷酸二氢钾，用500 mL三级水溶解，现用现配。

3.显色

（1）预反应。取一片速测卡，用滴管在白色药片上滴上提取液。

释义及注意事项：

1.样品所加滴数应与空白一致。

2.在温度为（37±1）℃的恒温装置中放置10 min，预反应后的药片表面必须保持湿润。

（2）显色。将速测卡对折，使红色药片与白色药片叠合发生反应，在（37±1）℃条件下反应3 min。

释义及注意事项：

所有样品应在短时间内完成操作；空白与样品开始叠合反应的时间应尽量一致。

4.测定和结果判定

与空白比较，白色药片不变色或略有浅蓝色均为阳性结果，白色药片变为天蓝色或与空白相同为阴性结果，阳性结果可判断蔬菜中含有有机磷或氨基甲酸酯类农药残留，可用色谱法进一步测定具体农药品种和含量。以下为参照图。

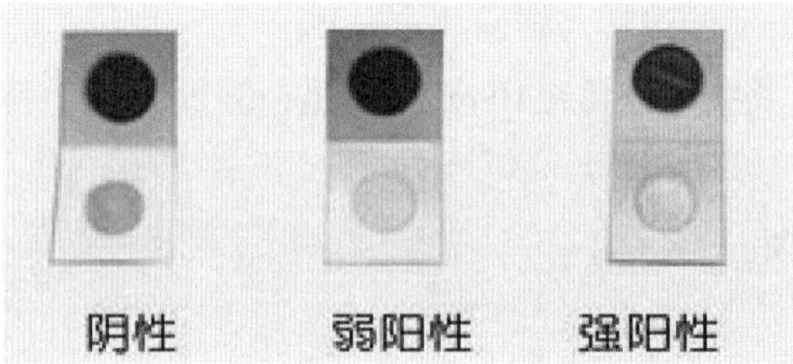

图 6-1　速测卡

二、分光光度法——蔬菜中有机磷和氨基甲酸酯类农药残留快速检测

参照国家标准GB/T 5009.199《蔬菜中有机磷和氨基甲酸酯类农药残留量的快速检测》和NY/T 448《蔬菜上有机磷和氨基甲酸酯类农药残毒快速检测方法》。

（一）蔬菜中有机磷和氨基甲酸酯类农药残留量的快速检测（GB/T 5009.199）

1.原理

在一定条件下，有机磷和氨基甲酸酯类农药对胆碱酯酶正常功能有抑制作用，其抑制率与农药的浓度呈正相关。正常情况下，酶催化神经传导代谢产物（乙酰胆碱）水解，其水解产物与显色剂反应，产生黄色物质，用分光光度计在412 nm处测定吸光度随时间的变化值，计算出抑制率，通过抑制率可以判断出样品中是否有高剂量有机磷或氨基甲酸酯类农药的存在。

2.实验步骤

（1）取样。以下为几类蔬菜的取样方法：菠菜、莜麦菜、生菜等叶菜类，先去掉外侧干叶、腐叶，擦去表面泥土，用内径1 cm的不锈钢管取样器，取来自不同植株、不同叶片的样本，不少于10片，取其叶尖部分。大白菜、青花菜、花椰菜等，在菜球或花球部分用内径1 cm的不锈钢管取样器从对称位置，穿至1~1.5 cm位置取样。茄子、青椒等，用内径1 cm的不锈钢管取样器从对称位置表皮至果肉1~1.5 cm处取样。

释义及注意事项：

1.取样前后均清洗或者擦拭取样工具，样品不可清洗。

2.一些含有刺激性气味的特殊样品（葱、蒜、萝卜、韭菜、芹菜、香菜、茭白、蘑菇及番茄等）汁液中含有对酶有影响的植物次生物，不宜采用本方法。

（2）称量和提取。

①称量：样品混匀后，用镊子夹取样品，以感量为0.1 g的电子天平，在提取瓶内称量1.0 g样品。

②提取：量取5 mL磷酸缓冲液，加入提取瓶中，盖紧盖子，使用涡旋混合器震荡提取1~2 min（色素含量较高的样品蔬菜需减少震荡时间，如菠菜、紫甘蓝等）。每批测定应设一个缓冲液的空白对照，实验过程与样品测定一致。

③静置：将提取液移至25 mL试管里，静置3~5 min，待用。

释义及注意事项：

磷酸缓冲溶液的配制：称取11.9 g无水磷酸氢二钾与3.2 g磷酸二氢钾，用1 000 mL三级水溶解，现用现配。

（3）显色。

①预反应：用移液器先移取2.5 mL样品提取液，再移取100 μL乙酰胆碱酯酶和100 μL显色剂于10 mL具塞试管中，盖紧盖子，摇匀后于（37±1）℃放置15 min以上（每批样品的控制时间应一致）。

释义及注意事项：

1.对照溶液先于试管中加入2.5 mL缓冲液，其他操作与样品溶液一致。

2.移液器使用前应润洗枪头，需慢吸快排，吸液时使用第一档，排液时使用第二档。移液器不应水平放置或者倒置。加不同试样需要更换吸头，避免交叉污染。

②显色：在待试液中，加入100 μL底物摇匀，所有样品应在短时间内完成操作，空白与样品加入底物的时间应尽量一致。此时检液开始显色反应，应立即将样品溶液移入比色皿并放入仪器比色池中，记录反应3 min的吸光值变化。对照溶液操作与样品溶液一致。

释义及注意事项：

1.上机测定的样品提取液液面高度要达到比色皿高度2/3。从加底物到测定不能超过1 min。

2.比色皿的使用：

（1）注意手持比色皿的毛面，将光面对准光路放入比色池中进行检测。不可手持光面，以免污损光面，影响透光度。

（2）比色皿内液体高度要超过比色皿高度2/3，且不能溢出，要保持光面外侧的洁净。

（3）比色皿用完后要及时洗净，倒置在垫有滤纸的瓷盘内，晾干后收于比色盒。

（4）测定和结果判定。将比色皿放在仪器比色池中进行检测，结果以酶抑制率表示，按下式计算：

$$X=\frac{\Delta A_c-\Delta A_s}{\Delta A_c}\times 100$$

式中：

X——酶抑制率，%；

ΔA_c——对照组3 min后与3 min前吸光值之差；

ΔA_s——样本3 min后与3 min前吸光值之差。

当抑制率≥50%时，表示样品中有高剂量有机磷或氨基甲酸酯类农药存在，样品为阳性结果。阳性结果的样品需要重复检验两次以上。阳性结果的样品可用色谱法，进一步确定具体农药品种和含量。

释义及注意事项：

1.使用任何试剂时，应先检查试剂是否在有效期内，防止试剂变质，切勿使用有沉淀的试剂。

2.从任何试剂瓶中吸出的试剂，禁止再次注射回试剂瓶。

3.试剂要严格按照使用说明保存。

（二）蔬菜中有机磷和氨基甲酸酯类农药残毒快速检测方法（NY/T 448）

1.原理

有机磷和氨基甲酸酯类农药能抑制昆虫中枢和周围神经系统中乙酰胆碱酶的活性，造成神经传导介质乙酰胆碱的积累，影响正常传导，使昆虫中毒致死。根据这一昆虫毒理学原理，将其用在对农药残留的检测中。加入反应试剂后，用分光光度计测定吸光值随时间的变化值，计算出抑制率，判断蔬菜中含有机磷或氨基甲酸酯类农药的残毒情况。

2.实验步骤

（1）取样。以下为几类蔬菜的取样方法：菠菜、莜麦菜、生菜等叶菜类，先去掉外侧干叶、腐叶，擦去表面泥土，用内径1 cm的不锈钢管取样器，取来自不同植株、不同叶片的样本，不少于10片。大白菜、青花菜、花椰菜等，在菜球或花球部分用内径1 cm的不锈钢管取样器从对称位置，穿至1~1.5 cm位置取样。茄子、青椒等，用内径1 cm的不锈钢管取样器从对称位置表皮至果肉1~1.5 cm处取样。

释义及注意事项：

1.取样前后均清洗或者擦拭取样工具。

2.葱、蒜、萝卜、韭菜、芹菜、香菜、茭白、蘑菇及番茄汁液中，含有对酶有影响的植物次生物质，容易产生假阳性。处理这类样品时，可采取整株（体）蔬菜浸提或采用表面测定法。对一些含叶绿素较高的蔬菜，也可采取整株（体）蔬菜浸提的方法，减少色素的干扰。

3.为使样品更具有代表性，要用四分法取样。

（2）称量和提取。

①称量：样品混匀后，用镊子夹取样品，以感量为0.1 g的电子天平，在提取瓶内称量2.0 g样品（非叶菜类取4 g）。

②提取：量取20 mL磷酸缓冲液，加入提取瓶中，盖紧盖子，使用涡旋混合器震荡提取1~2 min，每批测定应设一个缓冲液的空白对照，实验过程与样品测定一致。

③静置：将提取液移至试管里，静置3~5 min，待用。

（3）显色。

①预反应：先移取3 mL样品提取液，再移取50 μL丁酰胆碱酯酶和50 μL显色剂于10 mL具塞试管中，盖紧盖子，手摇混合，于（37 ± 1）℃反应30 min以上（每批样品的控制时间应一致）。

②显色：在待测液中加入50 μL底物摇匀，将待测液移入比色皿中进行检测。所有样品应在短时间内完成操作，空白与样品加入底物的时间应尽量一致。

释义及注意事项：

对照组的比色皿中用3 mL提取试剂代替样本提取液。

（4）测定和结果判定。将比色皿放在仪器比色池中，按照仪器使用说明进行检测，结果以酶抑制率表示，按下式计算：

$$X=\frac{\Delta A_c-\Delta A_s}{\Delta A_c}\times 100$$

式中：

X——酶抑制率，%；

ΔA_c——对照组3 min后与3 min前吸光值之差；

ΔA_s——样本3 min后与3 min前吸光值之差。

当抑制率≥70%时，结果判定为阳性，抑制率<70%，为阴性。阳性结果的样品需要重复检验两次，如果两次结果均为阳性，则判定结果为阳性。阳性结果表示蔬菜中含有机磷或氨基甲酸酯类农药残留，可用色谱法，进一步确定具体农药品种和含量。

释义及注意事项：

GB/T 5009.199和NY/T 448方法的不同点：

1.试剂的使用差别：GB/T 5009.199使用的酶制剂是乙酰胆碱酯酶；NY/T 448使用的酶试剂是丁酰胆碱酯酶。

2.取样量差别：GB/T 5009.199要求所有瓜果蔬菜取样量都是1 g；NY/T 448要求叶菜类取样2 g，非叶菜类取样4 g。

3.判断标准不一样：GB/T 5009.199抑制率<50%为阴性，抑制率≥50%为阳性；NY/T 448抑制率<70%为阴性，抑制率≥70%为阳性。

一般建议使用国标GB/T 5009.199。

三、农药残留快速检测技术关键点

（一）采样要求

（1）随机抽取蔬菜样品，每种样品要求具有代表性。

（2）加强对怀疑有农药污染，如蔬菜上有明显斑点或有农药气味蔬菜的抽检。

（3）抽检样本要详细记录。如蔬菜种类、抽检地点、时间、蔬菜来源、批发商等，保证可追溯性。

（二）试样制备

（1）选取具有代表性的蔬菜，擦净表面泥土，用取样器取样1 cm见方碎片，待用。从叶片叶尖部位取样，汁液的颜色影响检测结果。

（2）叶菜类蔬菜，用取样器从叶片部位取样测定。

（3）花椰菜和青花菜，取花球部分。

（4）大白菜、结球甘蓝、球生菜，选取3~5个，用取样器从蔬菜对称位置从表面穿至1~1.5 cm处取样，混匀称取测定。

（5）果菜（番茄、茄子、辣椒）和瓜类（黄瓜、西葫芦）菜，从果实对称部位取果皮，切成见方小块。

（6）豆菜类（菜豆、豇豆、荷兰豆等），选取多根菜豆，从中截取一段，再切成小段，混匀称取测定。

（三）溶液的配制与保存

1.酶的要求

选择对国内常用的有机磷和氨基甲酸酯类农药较敏感以及活性高的胆碱酯酶。

以3 min后与3 min前空白吸光值的差值即ΔA_c在0.4~0.8之间为最佳（国标为0.3以上）。

粉状的酶应储存在冷冻室内，用缓冲液溶解后应储存在0~5 ℃冷藏室内，一周内用完，避免反复解冻，否则会影响酶的活性。

2.底物与显色剂

配制好的底物与显色剂，应按配制说明要求将一定数量缓冲液加入底物和显色剂试剂瓶，摇匀储存于冷藏室中。在使用过程中避免交叉污染，观察试剂颜色是否正常。

（四）检测过程

1.正确使用移液器

避免溶液吸空或推液不尽导致所取溶液体积不准，造成数据不准确。

2.对酶抑制率有影响的因素

（1）温度。温度对酶的活性和稳定性影响很大，因此实验必须在恒温条件下进行，使空白和样品的反应温度一致，避免造成实验误差。

（2）反应时间。酶抑制时间不同会影响酶的抑制率。随着酶抑制时间的延长，抑制率也随之提高。所以实验操作中必须控制酶抑制时间，使空白与样品的反应时间完全一致。

番茄等多汁且含天然色素的样品，振摇后有絮状悬浮，需延长静置时间，减少干扰。

（五）检测结果异常的可能原因

1.假阳性的产生

用速测卡检测容易出现假阳性，原因一般是由酶的活性变化造成的。

酶需要在低温下保存，速测卡浸过酶的小纸片，放置一段时间后，酶的活性会降低甚至失去活性，而且酶的反应受环境、人为等诸多因素的影响，因此很容易出现假阳性。

当酶的活性降低或失去活性时，酶在底物中不起作用，底物不能被水解，因此也无法与显色剂结合生成黄色，这种阳性的产生不是由于农药的存在抑制了酶的活性，而是酶本身就失去了活性造成的。

2.抑制率出现负值

正常的检测结果应该在10%~110%之间。结果中抑制率偶尔出现负值，这是指在计算中，样本的ΔA_c比空白值的ΔA_c要大。造成这种现象的主要原因有：

（1）操作中的系统误差。从吸光值变化动态曲线可以看出，酶分解底物、分解物再与显色剂结合，这样的动力学过程进行得是非常快的，如果操作不够熟练，就会产生人为的系统误差。

（2）同一种蔬菜，由于不同次重复提取时所取蔬菜样本的部位不同，这种较小的负值误差（−10%以下）是在允许范围之内。

第七章　重金属元素分析

一、概述

（一）农业环境监测与检测

1.定义

（1）监测。有计划的、长期的、连续性的监督测试分析，一般包括制定监测计划、调查、监测单元划分、布点、采样、编号、样品运输、保存、制备、前处理、仪器分析或化学分析、数据处理、校对、审核、出具报告等步骤。

（2）检测。一次性的检查测试行为，一般指进入实验室后的测定工作，具体可包括样品接收、编号、保存、制备、前处理、仪器分析或化学分析、数据处理、校对、审核、出具报告等步骤。

2.作用

通过获取上述信息，将这些信息进行归纳分析和整理，对农业环境质量作出现状或预断评价，追溯污染（或破坏）的根源，提出环境事故裁决意见和防治办法建议，为政府决策部门提供有效的数据和技术支撑。

（二）重金属检测前工作准备

1.实验室环境

实验室的温度、湿度、空气中的悬浮微粒含量等不符合要求，将影响实验条件及仪器性能，从而影响样品的分析结果。

（1）仪器室应避免阳光直射或受空调机的影响。

（2）仪器应装在远离窗户或风口处。

（3）地板上、仪器周围或操作室内的尘土应用适当方式清扫干净并保持操作室内整洁。

（4）避免含目标元素的物质（或粉尘）在操作室内弥散。

（5）外界吹入的风也可能携入重金属物质，造成测量误差。

2.实验用水

实验用水应符合GB/T 6682规定二级水的要求，实际试验中最好使用一级水。

3.实验用试剂

实验用试剂为优级纯或光谱纯，如有条件可使用MOS级（电子工业用高纯试剂）。

优级纯的硝酸中有较高的铬空白，而分析纯的双氧水中有较高的锡空白，优级纯和高纯的硝酸中含有较高的镉、汞和铅，而不同纯度的双氧水中镉、汞和铅的空白相差不大。

4.器皿和容器

玻璃器皿要用10%硝酸溶液浸泡24 h，也可用硝酸溶液煮玻璃器皿，临用时用二级水冲洗干净，避免污染，降低试剂空白值，提高测量的稳定性。

5.仪器性能检查

（1）石墨炉原子吸收光谱仪仪器性能。波长示值误差：±0.05 nm；波长重复性：＜0.3 nm；分辨率：Mn三线分辨率＜40%；基线稳定性（静态基线）：Max零漂±false0.006 A；Max瞬时噪声≤0.006 A；光谱带宽不超过±0.002 nm；检出限≤4 pg；测量重复性≤5.0%；线性误差不超过±15%。

（2）氢化发生原子荧光光谱仪性能检查。零漂≤5%；瞬时噪声吸光度≤0.003 A；检出限≤0.02 ug/mL；精密度≤5%；相关系数≥0.995；线性误差不超过±10%；测量重复性≤1.5%。

（三）抽样及样品制备

1.土壤

土壤样品按照NY/T 395《农田土壤环境质量监测技术规范》的相关要求进行采集、制备（风干、研磨、分装）和保存。

农田土壤长期定点定位监测，一般为国家或地方制定中长期政策所进行的监测。布点应当在农业环境区划的基础上进行，以客观、真实反映各级区划单元环境质量整体状况变化和污染特征为原则。涉农区县采集土壤样品一般以乡镇为单位，选择各基地有代表性的田块（如：基地离污染源2 km以外、产地环境没有污染史等），采用梅花多点（5点）取样，用木、竹制器平行于断面取土，种植一般农作物采样深度0~20 cm，种植果林类农作物采样深度0~60 cm。每个混合土样1.5 kg左右，多余部分用四分法弃去，装于棉布袋，袋内及袋上皆置标签。每采样点皆经卫星定位仪记录样点的经纬度，拍摄采样点经纬度照片。土壤样品可在自然条件下风干或50 ℃以下烘干。为避免土壤胶结，可用木棒轻轻敲打样品，切忌用铁锤或其他金属工具敲打，以避免污染样品。全部过20目（1 mm）尼龙筛，置于无色聚乙烯薄膜上，充分混合直至均匀后，四分法分成两份，每份500 g，一份交样品库存放，一份作为样品细磨用。装样品袋（牛皮纸），贴好标签，标签的内容为：采样地点、样品号、采样日期等。

释义及注意事项：

1.样品袋一般为棉布类，样品标签一式两份，一份放入袋中，一份系在袋口，标签上标注采样时间、地点、样品编号、监测项目、采样深度和经纬度。

2.风干用白色搪瓷盘及木盘；粉碎研磨用玛瑙研磨机或玛瑙研钵、白色瓷研钵；过筛用尼龙筛，规格为20~100目；装样用具塞磨口玻璃瓶、具塞无色聚乙烯塑料瓶或特制牛皮纸袋，规格视量而定。

2.水

农田灌溉水样按照NY/T 396《农用水资源环境质量监测技术规范》的相关要求进行采集和保存。

（1）取样位置为进水口处。

（2）样品容器为细口聚乙烯瓶，瓶盖为塑料螺口盖，用样品水冲洗3遍，再装好样品水并密封。

（3）样品量根据检测项目，取500~1 000 mL即可。

（4）样品保存。采样时应根据所测项目要求添加不同的保护剂，保护剂应使用优级纯，检测时做空白试验。测六价铬时应加氢氧化钠，调节样品pH在8~9之间，样品应于规定时间内完成测定。测总汞、总铅、总砷、总镉时可加入2 mL硝酸/1 000 mL样品，样品pH＜2，当天送实验室冰箱中保存，应尽快分析，并填写抽样单，水样要贴好标签、封条。

3.农产品

（1）鲜样。蔬菜、水果和食用菌取可食部分，先用自来水冲洗，再用二级水清洗2~3次，最后用干净纱布轻轻擦去样品水分。

对于个体较小的样品，取样后全部处理；对于个体较大的基本均匀样品，可在对称轴或对称面上分割成小块后处理；对于细长、扁平或组分含量在各部分有差异的样品，可在不同部位切取小片或截成小段处理，取后的样品将其切碎，充分混匀。

四分法取样，将缩分好的样品放入组织机中制成匀浆，分装入洁净的聚乙烯容器中于−20~−16 ℃条件下保存。或将缩分后的样品放入烘箱中65 ℃烘干，磨成干粉后放入密封容器中保存。

（2）干样。取少量预处理和缩分后的样品放入洁净的粉碎机中粉碎，将其弃去，再用高速粉碎机粉碎剩余的样品，研磨至全部过尼龙筛。粮食、豆类去除杂质，坚果类去杂质、去壳，磨碎成均匀的样品，颗粒度不大于0.425 mm（40目）。储于洁净的塑料瓶中，并标明标记，于室温下或按样品保存条件保存备用。

释义及注意事项：

1.所取样品应全部处理，样品量大的切碎后用四分法缩分，保证其代表性。

2.每处理一个样品后，应清洗所用工具，防止交叉污染。

3.制成干样时一定要计算样品的水分。

4.制取干样时，不应一次将分析样品全部粉碎，因为处理样品的器皿每处理一个样品后都应清洗。不锈钢干样粉碎机无法清洗，故每两个样品之间应取一部分样对粉碎机进行清洗。

二、原子吸收法——土壤中铜、锌、镍、铬、铅、镉的测定

（一）参考标准

土壤中铜、锌、镍、铬含量的测定参照《土壤和沉积物铜、锌、铅、镍、铬的测定 火焰原子吸收分光光度法》（HJ 491）；铅、镉含量的测定参照《土壤质量铅、镉的测定 石墨炉原子吸收分光光度法》（GB/T 17141）。

（二）土壤中铜、锌、镍和铬的测定——火焰原子吸收分光光度法

1.方法原理

土壤经酸消解后，试样中铜、锌、镍和铬在空气-乙炔火焰中原子化，其基态原子分别对铜、锌、镍和铬的特征谱线产生选择性吸收，其吸收强度在一定范围内与铜、锌、铅、镍和铬成正比。

2.试剂

盐酸：ρ（HCl）=1.19 g/mL；硝酸：ρ（HNO_3）=1.42 g/mL；氢氟酸：ρ（HF）=1.49 g/mL；高氯酸：ρ（$HClO_4$）=1.68 g/mL；盐酸溶液（1+1）；硝酸（1+1）；硝酸（1+99）。

铜、锌、镍和铬标准储备液（1 000 mg/L）。

3.土壤试样前处理

（1）电热板消解法。准确称取经风干研磨并过100目筛的土壤样品0.2~0.3 g（精确至0.1 mg），一般土壤称取0.25 g于50 mL聚四氟乙烯坩埚中，用水润湿后，在通风橱工作台面上，用移液管或者移液枪移取10 mL盐酸，于通风橱电热板上90~100 ℃加热，使样品初步分解，待消解液蒸发至剩余约3 mL时，加入9 mL硝酸，加盖加热至无明显颗粒，加入5~8 mL氢氟酸，开盖，于120 ℃飞硅30 min，稍冷，加入1 mL高氯酸，于150~170 ℃加热至冒白烟，加热时应经常摇动坩埚。

若坩埚壁上有黑色碳化物，加入2 mL高氯酸继续加热至黑色碳化物消失，再开盖，加热赶酸至内容物呈不流动的液珠状（趁热观察）。加入3 mL硝酸溶液（1+99），温热溶解可溶性残渣，全量转移至25 mL容量瓶中，用硝酸溶液（1+99）定容至标线，摇匀，保存于聚乙烯瓶中，静置，取上清液待测，于30 d内完成分析。

（2）石墨电热消解法。准确称取经风干研磨并过100目筛的土壤样品0.2~0.3 g（精确至0.1 mg），一般土壤称取0.25 g于50 mL聚四氟乙烯坩埚中，用水润湿后加入5 mL盐酸，于通风橱内石墨电热消解仪上100 ℃加热45 min。加入9 mL硝酸加热30 min，加入5 mL氢氟酸加热30 min，稍冷，加入1 mL高氯酸，加盖120 ℃加热3 h；开盖，150 ℃加热至冒白烟，加热时需要摇动消解管。

若消解管内壁有黑色碳化物，加入2 mL高氯酸加盖继续加热至黑色碳化物消失，开盖，160 ℃加热赶酸至内容物呈不流动的液珠状（趁热观察）。加3 mL硝酸溶液（1+99），温热溶解可溶性残渣，全量转移至25 mL容量瓶中，用硝酸溶液（1+99）定容至标线，摇匀，保存于聚乙烯瓶中，静置，取上清液待测。于30 d内完成分析。

（3）空白试样的制备。不称取样品，按照上述（1）、（2）相同步骤进行空白试样的制备。

释义及注意事项：

1.土壤一般由无机物（已经风化成沙、淤泥、黏土的小颗粒岩石）、有机物（分解的植物、动物遗体和肥料统称为腐殖质）、水和空气组成。用于检测的土壤样品一般只含有无机和有机成分。该消解方法就是用各种酸在高温环境下破坏复杂的土壤结构，最后制成澄清、透明、适于仪器检测的水溶液。加盐酸、硝酸和氢氟酸破坏土壤的晶格结构，使嵌在其中的重金属元素析出。氢氟酸的作用主要是破坏氧化硅的晶格结构，发生化学反应：$SiO_2+4HF \rightarrow SiF_4+2H_2O$，反应生成的四氟化硅有毒，具有腐蚀性、刺激性，可致人体灼伤。然后加高氯酸，破坏土壤中的有机质成分，使原本富集于动植物体内后形成的土壤腐殖质中的重金属元素析出。

2.方法中提到用水均匀湿润坩埚中称量好的土壤，目的是把坩埚壁上的土壤洗到坩埚底部，既避免加硝酸时将土壤“冲起”，又防止加酸后没有均匀湿润的样品在加热不均时发生暴沸。在保证将土壤全部湿润的前提下，加水量越少越好，水加多了相当于把酸稀释了，不能保证消解效果，还会延长消解时间。

3.使用聚四氟乙烯坩埚需要注意，在每次移走坩埚盖前，一定要将盖上凝结的酸液流入坩埚内，既可以避免试份的损失，又防止酸液滴落在电热板上。

4.加氢氟酸不可使用玻璃移液管。

5.加酸的时间控制。盐酸、硝酸和氢氟酸不能一次性或者连续加入。首先，三酸相继加入会发生化学反应，硝酸在高氯酸中得到质子而显示碱性，会降低硝酸消解的作用。其次，高氯酸与硝酸中含有的低价态氮氧化物反应，降低了高氯酸的消解效果。在实验中，经常会因为硝酸驱赶不尽而加入高氯酸，生成大量的棕黄色烟雾，即二氧化氮气体。所以，加入高氯酸的最佳时间应该是在硝酸加入后消解约30 min后，硝酸烟雾挥发殆尽时。

最后加入硝酸溶液进行温热，目的是溶解土壤消解后生成的大量无机盐结晶物。加热时间应该更长些，让溶液煮沸，使其中的硝酸挥发殆尽，然后定容。

6.加酸量的控制。加酸量一般是根据土样的称取量来定，也取决于土样的性质。如果土样中有机质含量较高，则高氯酸的量相应要多加些，例如消解褐土样时，高氯酸可以适当多加3~5 mL，避免褐色有机质消解时粘在坩埚内壁。如果土样属于硅化土，在消解时可适当多加些氢氟酸，以更好地破坏土壤的硅晶结构。按照国标方法，在一个消解过程结束后，视坩埚内容物的情况，可以重复前面的加酸过程，再次减量加酸，进行消解。如果坩埚壁内有黑色物，说明高氯酸的量不够；如果呈石灰渣样乳白液，说明消解液中含盐量高，可以适当加些盐酸或硝酸。一般称取土样达到2 g时，消解过程中就会出现石灰渣样乳白色沉淀。如果土壤本色沉淀物较多，说明除硅的效果不好，需要再次加入氢氟酸进行消解。

消解过程中，并不是加酸越多，消解效果就越好。酸加多了，会增加带入杂质的风险。因为各种酸中不可避免会含有少量的重金属，酸加入越多，试剂误差就会越大，而且加入酸的量越大，消解所需时间越长，增大了工作量。

7.消解时间、温度的把握。加热时间没有硬性规定，一般视消解效果而定。但是，最后驱赶酸雾的时间一定要充分，按照酸的不同物理特性，最后挥发掉的是高氯酸，高氯酸之前是氢氟酸。氢氟酸一定要驱散干净，否则对玻璃器皿有损坏。判断高氯酸赶尽的标准是白色烟雾减少，也就是接近干的时候，杯内应该是透明、可流动的膏状物。整个消解过程千万不能干烧。

消解的温度在刚开始加热时不宜过高，否则容易暴沸。当加入氢氟酸后，加热时间会很长，这时的温度可以适当调高些，但也不能过高，否则坩埚容易变形，温度控制得当，消解效果较好，所需时间也被缩短。特别是在最后驱散高氯酸时，温度不能过高，也不宜过低，过低会导致赶酸不尽。

8.石墨电热消解法亦可参考仪器推荐消解程序，方法性能须满足本方法要求。

9.视样品实际情况，试样定容体积可适当调整。

10.全程做好安全防护。消解土壤所用的盐酸、硝酸、氢氟酸和高氯酸等都是强酸，极具腐蚀性、刺激性，可致人体灼伤，挥发性酸易形成酸雾，对实验操作者呼吸系统可能造成严重伤害，所以整个消解过程应该在通风效果良好的通风橱内进行，操作过程中避免酸溅落在人身体上。

方法中提到“为了达到良好的飞硅效果，应经常摇动坩埚”。“飞硅”是指通过摇动坩埚使反应生成的四氟化硅气体挥发掉。在加入氢氟酸后，待液面下降至可以摇动时，每20~30 min摇动坩埚一次，飞硅效果很好。由于需要长时间摇动温度较高的坩埚，乳胶或橡胶手套隔热效果不好，容易被烫伤。棉质手套的隔热效果虽然不错，但是对挥发性气体没有隔离作用，而四氟化硅易潮解，有毒，具腐蚀性、刺激性，可致人体灼伤，在摇动坩埚时，应先戴上具有棉内胆的橡胶手套或是医用乳胶手套，外面再加戴棉质手套，可避免灼伤危险。

由于整个实验过程使用强酸种类多、用量大，酸的挥发性强，建议操作者在操作过程中还应戴上防毒口罩，尤其在取用高氯酸时要防止溅落，小心操作。

4.标准溶液的制备

铜、锌、铬、镍标准溶液的配制方法为：润洗移液管1~2次，移取10 mL 1 000 mg/L的铜、锌、铬、镍标准溶液至100 mL容量瓶中，用硝酸溶液（1+99）定容并摇匀，此标准溶液的浓度为100 mg/L。取100 mL容量瓶按照表7−1用硝酸溶液（1+99）分别稀释各元素标准使用液配制成标准系列。

表7-1　各元素标准系列

单位：mg/L

元素	标准系列					
铜	0.00	0.10	0.50	1.00	3.00	5.00
锌	0.00	0.10	0.20	0.30	0.50	0.80
铬	0.00	0.10	0.50	1.00	3.00	5.00
镍	0.00	0.10	0.50	1.00	3.00	5.00

释义及注意事项：

1 000 mg/L的铜、锌、铬、镍标准溶液为储备液，100 mg/L为标准工作液。100 mg/L标准工作液，保存在0~5 ℃冰箱中，有效期6个月；1~10 mg/L或适当浓度的标准工作液，保存在0~5 ℃冰箱中，有效期1个月。

5.土壤样品上机测定

开启原子吸收分光光度计，将仪器调整至最佳状态，检测按照先标准曲线后样品的次序，仪器软件可得出试样中铜、锌、铬、镍含量，主要参数见表7-2。

表 7-2　火焰原子吸收分光光度法的上机测试参数

火焰法	铜	铬	镍	锌
波长/nm	324.7	357.9	232.0	213.0
狭缝/nm	0.5	0.2	0.2	1.0
灯电流/mA	5.0	9.0	4.0	5.0
火焰类型	空气/乙炔	空气/乙炔	空气/乙炔	空气/乙炔

释义及注意事项：

1.上机测定样品时，先测定空白试液，后测定样品和质控样品试液。同时，在每测定20个左右试液时，应增加测定1个位于校准曲线中心点位浓度的校准溶液。

2.校准曲线使用时间。镉、汞校准曲线的使用时间建议为3 h；砷、铬、铅校准曲线的使用时间建议为6 h，过时应重新制作。

3.空白要求。每批样品必须做平行试剂空白，校准曲线不合格不能适用，使用时不得随意超出标准系列浓度范围。空白值偏高时，应查找原因，降低背景。

4.平行双样要求。每批消解样品至少选1个样品做平行双样，每批样品、每个项目分析时均需做10%~15%平行样品，5个样品以下，平行样品应增加到50%以上，根据测量元素含量范围的不同，应满足土壤监测平行双样最大允许相对标准偏差要求。

5.平行质控样要求。每批消解样品至少做一组平行质控样，平行质控样均值应当落在标准物质规定值范围之内；如有1个数据不在质控样保证值范围内，则本批结果无效，需重新分析测定；均落在标准物质规定值范围之外时，本批次检测结果无效，需重新测定。

6.标准曲线的校准。每测定20个左右样品试液，用位于校准曲线中心位置的浓度点进行曲线校正1次，对测定值进行比较，若偏离超过10%，需重新建立校准曲线，再继续测定。

6.结果计算与表示

土壤中铜、锌、铬、镍的质量分数ω（mg/kg），按下式计算：

$$W_i = \frac{(\rho_i - \rho_{0i}) \times V}{m \times \omega_{dm}}$$

式中：

W_i——土壤中元素的质量分数，mg/kg；

ρ_i——试样中元素的质量浓度，mg/L；

ρ_{0i}——空白试样中元素的质量浓度，mg/L；

V——消解后试样的定容体积，mL；

m——土壤样品的称样量，mg；

ω_{dm}——土壤样品的干物质含量，%。

7.有效数字

当测定结果<100 mg/kg时，结果保留至整数位；当测定结果≥100 mg/kg时，结果保留三位有效数字。

8.精密度控制

每批样品每个项目分析时均须做20%平行样品；当样品数在5个以下时，平行样不少于1个。

释义及注意事项：

平行双样测定结果的误差在允许误差范围之内为合格，若方法有要求，按照方法要求判定，若方法中未列出要求，可参照允许误差范围，见表7–3（HJ/T 166）。

表7-3　土壤监测平行双样测定值的精密度和准确度允许误差

监测项目	样品含量范围/（mg/kg）	精密度		准确度			适用的分析方法
		室内相对标准偏差/%	室间相对标准偏差/%	加标回收率/%	室内相对误差/%	室间相对误差/%	
铜	<20	±20	±30	85~105	±20	±30	原子吸收光谱法
	20~30	±15	±25	90~105	±15	±25	
	>30	±15	±20	90~105	±15	±20	
锌	<50	±25	±30	85~110	±25	±30	原子吸收光谱法
	50~90	±20	±30	85~110	±20	±30	
	>90	±15	±25	90~105	±15	±25	
铬	<50	±25	±30	85~110	±25	±30	原子吸收光谱法
	50~90	±20	±30	85~110	±20	±30	
	>90	±15	±25	90~105	±15	±25	
镍	<20	±30	±35	80~110	±30	±35	原子吸收光谱法
	20~40	±25	±30	85~110	±25	±30	
	>40	±20	±25	90~105	±20	±25	

9.准确度控制

（1）使用标准物质或质控样品。每批要带测质控平行双样，在测定的精密度合格的前提下，质控样测定值必须落在质控样保证值（在95%的置信水平）范围之内，否则本批结果无效，需重新分析测定。

（2）加标回收率的测定。当所测的项目无标准物质或质控样品时，可用加标回收实验来检查测定准确度。在一批试样中，随机抽取10%~20%试样进行加标回收测定。

释义及注意事项：

当样品数不足10个时，应适当增加加标比率。每批同类型试样中，加标试样不应少于1个。

1.加标量。视被测组分含量而定，含量高的加入被测组分含量的0.5~1.0倍，含量低的加入被测组分含量的2~3倍，但加标后被测组分的总量不得超出方法的测定上限。加标浓度宜高，体积应小，不应超过原试样体积的1%，否则需进行体积校正。

2.加标合格要求。加标回收率应在加标回收率允许范围之内。加标回收率允许范围见表7–3。当加标回收合格率＜70%时，对不合格者重新进行回收率的测定，并另增加10%~20%的试样作加标回收率测定，直至总合格率≥70%。

10.检出限

使用本方法，当取样量为0.2 g、消解后定容体积为25 mL时，铜、锌、铬、镍的方法检出限分别为：1 mg/kg、1 mg/kg、4 mg/kg、3 mg/kg，测定下限分别为4 mg/kg、4 mg/kg、16 mg/kg、12 mg/kg。

（三）土壤中铅、镉的测定——石墨炉原子吸收分光光度法

1.方法原理

采用盐酸–硝酸–氢氟酸全消解的方法，彻底破坏土壤的矿物晶格，使试样中的待测元素全部进入试液。然后，将试样注入石墨炉中。经过预先设定的干燥、灰化、原子化等升温程序，使共存基体成分蒸发除去，同时在原子化阶段的高温下，铅、镉化合物离解为基态原子蒸气，并对空心阴极灯发射的特征谱线产生选择性吸收。在选择的最佳测定条件下，通过背景扣除，测定试液中铅、镉的吸光度。

2.试剂

盐酸：ρ（HCl）=1.19 g/mL，优级纯；硝酸：ρ（HNO_3）=1.42 g/mL，优级纯；氢氟酸：ρ（HF）=1.49 g/mL；高氯酸：ρ（$HClO_4$）=1.68 g/mL，优级纯；盐酸溶液（1+1）；0.2%硝酸；硝酸溶液（1+5）；磷酸二氢铵（$NH_4H_2PO_4$）溶液（5%）。

铅、镉标准储备液均为1 000 mg/L。

3.样品前处理

（1）准确称取经风干研磨并过100目筛的土壤样品0.1~0.3 g（精确至0.000 2 g）试样于50 mL聚四氟乙烯坩埚中，用水润湿后加入5 mL盐酸溶液，于通风橱内的电热板上低温加热，使样品初步分解，当蒸发至2~3 mL时，取下稍冷，然后加入5 mL硝酸溶液，4 mL氢氟酸溶液，2 mL高氯酸溶液，加盖后于电热板上中温加热1 h左右，然后开盖，继续加热除硅，为了达到良好的飞硅效果，应经常摇动坩埚。当加热至冒浓厚高氯酸白烟时，加盖，使黑色有机碳化物充分分解。待坩埚上的黑色有机物消失后，开盖驱赶白烟并蒸至内容物呈黏稠状。视消解情况，可再加入2 mL硝酸溶液，2 mL氢氟酸溶液，1 mL高氯酸溶液，重复上述消解过程。当白烟再次基本冒尽且内容物呈黏稠状时，取下稍冷，用水冲洗坩埚盖和内壁并加入1 mL硝酸溶液（1+5）温热溶解残渣。

释义及注意事项：

1.由于土壤种类多，所含有机质差异较大，在消解时，应注意观察，各种酸的用量可视消解情况酌情增减。土壤消解液应呈白色或淡黄色（含铁较高的土壤），没有明显沉淀物存在。

2.电热板的温度不宜太高，否则会使聚四氟乙烯坩埚变形。

（2）铅、镉消解液的准备。先用玻璃棒将聚四氟乙烯坩埚中的消解液引流倒入25 mL容量瓶中，再用去离子水少量多次冲洗坩埚转移至容量瓶中，加入3 mL 5%的磷酸氢二铵水溶液，用去离子水定容到25 mL，充分摇匀待测。同时做空白试验。

释义及注意事项：

每批样品至少制备2个空白溶液。

4.铅、镉标准溶液的配制

润洗移液管1~2次，分别移取10 mL、1 000 mg/L的铅、镉标准溶液至100 mL容量瓶中，用0.2%的硝酸溶液定容并摇匀，此标准溶液的浓度为100 mg/L。同理，将100 mg/L溶液稀释至10 mg/L。取100 mL容量瓶按照表7-4，用0.2%的硝酸溶液分别稀释各元素标准使用液配制成标准系列。

表7-4　各元素标准系列

单位：μg/L

项目	数值
铅标准溶液浓度范围	铅标准溶液浓度为0、5.0、10.0、20.0、30.0、50.0
镉标准溶液浓度范围	镉标准溶液浓度为0、1.0、2.0、4.0、6.0、10.0

5.土壤样品上机测定

开启原子吸收石墨炉分光光度计，将仪器调整至最佳状态，检测按照先标准曲线后样品的次序完成分析，仪器软件可得出试样中铅、镉含量，主要参数见表7-5。

表7-5　石墨炉原子吸收法的上机测试参数

石墨炉法	铅	镉
波长/nm	283.3	228.8
狭缝/nm	0.5	0.5
灰化温度/ ℃	700	600
原子化温度/ ℃	2 100	1 800
灯电流/mA	10.0	7.0

释义及注意事项：

用减去空白的吸光度与相对应的元素含量（μg/L）绘制铅、镉的校准曲线。

6.结果计算与表示

土壤中铅、镉的含量W按下式计算：

$$W = \frac{c \cdot V}{m(1-f)}$$

式中：

c ——试液的吸光度减去空白试验的吸光度，然后在校准曲线上查得铅、镉的含量，μg/L；

V——试液定容的体积，mL；

m——称取试样的重量，g；

f——试样中水分的含量，%。

7.精密度和准确度

多个实验室用本方法分析ESS系列土壤标样中铅、镉的精密度和准确度，见表7-6（GB/T 17141）。

表7-6　方法的精密度和准确度

元素	实验室数	土壤标样	保证值/（mg/kg）	总均值/（mg/kg）	室内相对标准偏差/%	室间相对标准偏差/%	相对误差/%
铅	19	ESS-1	23.6 ± 1.2	23.7	4.2	7.3	0.42
	21	ESS-3	33.3 ± 1.3	33.7	3.9	8.6	1.2
镉	25	ESS-1	0.083 ± 0.011	0.080	3.6	6.2	–3.6
	28	ESS-3	0.044 ± 0.014	0.045	4.1	8.4	2.3

8.方法检出限

本方法的检出限（按照称取0.5 g试样消解定容至50 mL计算）：铅0.1 mg/kg，镉0.01 mg/kg。

三、原子吸收法——水中铅、镉的测定

（一）参考标准

水中重金属含量的原子吸收检测法主要参照国家标准，畜禽水铅、镉测定分别参照《生活饮用水标准检验方法 金属指标》（GB/T 5750.6 11.1）和《生活饮用水标准检验方法 金属指标》（GB/T 5750.6 9.1）；灌溉水铅、镉参照《水质 铜、锌、铅、镉的测定 原子吸收分光光度法》（GB/T 7475 第一部分）。

（二）畜禽饮用水中铅、镉的测定以及农田灌溉水中铅、镉的测定

1.原理

样品经适当处理后，注入石墨炉原子化器，所含的金属离子在石墨管内经原子化高温蒸发离解为原子蒸气，待测元素的基态原子吸收来自同种元素

空心阴极灯发出的共振线，其吸收强度在一定范围内与金属浓度成正比（石墨炉法）。

将样品或消解处理过的样品直接吸入火焰，在火焰中形成的原子对特征电磁辐射产生吸收，将测得的样品吸光度和标准溶液的吸光度进行比较，确定样品中被测元素的浓度（火焰法）。

2.试剂

硝酸镁溶液（50 g/L）；硝酸：ρ（HNO_3）=1.42 g/mL，优级纯及分析纯；ρ（$HClO_4$）=1.68 g/mL，优级纯；硝酸（1+1）；硝酸（1+499）；磷酸二氢铵（$NH_4H_2PO_4$）溶液（5%）。

铅标准储备液：1 000 mg/L；镉标准储备液：100 mg/L。

3.水样前处理

对于较干净的水样可直接上机测定，对于较浑浊的水样取样需经过样品前处理。浑浊水样取样前应充分摇匀，润洗移液管1~2次。消解过程如下：量取25 mL水样置于200 mL烧杯中，在电热板上加热，保持微沸状态，至10 mL左右时候，加入5 mL硝酸，再消解至溶液澄清，冷却后转移至25 mL容量瓶中，用去离子水少量多次冲洗烧杯，定容，待测。同时做空白试验。

4.标准溶液的配制

标准溶液的配制又分为石墨炉法和火焰法两种。

（1）铅、镉标准溶液的配制（石墨炉）。配制铅、镉系列标准溶液，铅标准溶液浓度分别为0 μg/L、2.5 μg/L、5 μg/L、10 μg/L、20 μg/L、30 μg/L、40 μg/L。镉标准溶液浓度分别为0 μg/L、0.5 μg/L、1 μg/L、3 μg/L、5 μg/L、7 μg/L。

（2）铅、镉标准溶液的配制（火焰法）。配制铅、镉系列标准溶液，铅标准溶液浓度分别为0 mg/L、0.5 mg/L、1 mg/L、3 mg/L、5 mg/L、10 mg/L。镉标准溶液为0 mg/L、0.05 mg/L、0.1 mg/L、0.3 mg/L、0.5 mg/L、1 mg/L。

释义与注意事项：

重金属浓度较高水平时采用火焰法，浓度较低时采用石墨炉法。

5.水样的上机测定

水样的上机测定可分为火焰法和石墨炉法两种。

（1）铅、镉的测定（火焰法）。

（2）铅、镉的测定（石墨炉法）。

具体操作步骤参照土壤样品的上机测定分析方法，仪器参数如表7-7、表7-8所示。

表7-7　火焰原子吸收分光光度法的上机测试参数

火焰法	铅	镉
波长/nm	217.0	228.8
狭缝/nm	1.0	0.5
灯电流/mA	10.0	4.0
火焰类型	空气/乙炔	空气/乙炔

表7-8　石墨炉原子吸收法的上机测试参数

石墨炉法	铅	镉
波长/nm	283.3	228.8
狭缝/nm	0.5	0.5
灰化温度/ ℃	600	500
原子化温度/ ℃	2100	1800
灯电流/mA	10.0	7.0

仪器可按照先标准曲线后样品的次序完成分析，仪器软件自动可得出样品上机浓度，并按公式计算样品中铅、镉含量。

从标准曲线上得出铅、镉浓度后，按下式计算：

$$\rho(\mathrm{Cd/Pb})=\frac{\rho_1\times V_1}{V}$$

式中：

ρ（Cd/Pb）——水样中铅/镉的质量浓度，μg/L；

ρ_1——从标准曲线上得到的试样中铅的质量浓度，μg/L；

V_1——原水样体积，mL；

V——测定样品的体积，mL；

6.方法检出限

本方法铅的最低检测质量为0.05 ng，若取20 μL水样测定，则最低检测质量浓度为2.5 μg/L。镉的最低检出质量为0.01 ng，若取20 μL水样测定，则最低检测质量浓度为0.5 μg/L（石墨炉法）。

本方法铅的最低检测质量浓度为0.2 mg/L。镉的最低检测质量浓度为0.05 mg/L（火焰法）。

7.精密度

（1）石墨炉法见GB/T 5750.6。6个实验室测定含铅5.0~50.0 μg/L的水样，测定8次，其相对标准偏差均小于5%，在水样中加入5.0~50.0 μg/L 的铅标准溶液，回收率为85.0%~117%（GB/T 5750.6 11.5.6）。

6个实验室测定含镉1.0~10.0 μg/L的水样，测定8次，其相对标准偏差均小于5%，在水样中加入1.0~10.0 μg/L 的镉标准溶液，回收率为84.7%~117%（GB/T 5750.6 9.5.6）。

（2）火焰法见GB/T 7475（表7-9）。

表7-9　重复性和再现性

项目	参加实验室数目	质控样品配制浓度	平均测定值	重复测定标准偏差	重复性	再现测定标准偏差	再现性
铅	6	50 μg/L	49.9 μg/L	1.8%	5.1 μg/L	2.8%	7.9 μg/L
镉	6	4.9 μg/L	5.1 μg/L	0.3%	0.8 μg/L	0.4%	1.1 μg/L

注：重复性（μg/L）=2.83×重复测定标准偏差 μg/L；再现性（μg/L）=2.83×再现测定标准偏差μg/L。

四、原子吸收法——植物性食用农产品中铅、镉的测定

（一）参考标准

植物性食用农产品中铅、镉含量的原子吸收检测法分别参照国家标准《食品安全国家标准 食品中铅的测定》（GB 5009.12 第一法）和《食品安全国家标准 食品中镉的测定》（GB 5009.15）。

（二）植物性食用农产品中铅、镉的测定

1.方法原理

（1）植物性食用农产品中铅的测定。样品消解处理后，经石墨炉原子化，在283.3 nm处测定吸光值，在一定浓度范围内铅的吸光度与铅含量成正

比，与标准系列比较定量。

（2）植物性食用农产品中镉的测定。试样经灰化或酸消解后，注入一定量样品消化液于石墨炉中，电热原子化后吸收228.8 nm共振线，在一定浓度范围内，其吸光值与镉含量成正比，采用标准曲线法定量。

2.试剂

硝酸（HNO_3）：优级纯；高氯酸（$HClO_4$）：优级纯；硝酸-高氯酸混合溶液（9+1）、1%硝酸；磷酸二氢铵（$NH_4H_2PO_4$）溶液（5%）。

铅标准储备液：1 000 mg/L；镉标准储备液：1 000 mg/L。

3.植物性食用农产品的前处理

试样前处理分为干法消解、湿法消解、微波消解和压力罐消解。一般采用干法消解和湿法消解。

（1）铅的测定（湿法消解）。称取固体试样0.2~3 g（精确至0.001 g）或准确移取液体试样0.500~5.00 mL于三角瓶中，分别加入10 mL硝酸、0.5 mL高氯酸，在可调式电热炉上消解（参考条件：120 ℃/0.5~1 h；升至180 ℃/2~4 h、升至200~220 ℃）。若消化液呈棕褐色，再加少量硝酸，消解至冒白烟，消化液呈无色透明或略带黄色，放冷，用滴管将试样消化液吸入10 mL或25 mL容量瓶中，用水少量多次洗涤三角瓶，洗液合并于容量瓶中，并定容至刻度，混匀，备用。同时做空白试验。

（2）镉的测定（干法消解）。称取干样0.3~0.5 g（精确至0.000 1 g）、鲜样1~2 g（精确至0.001 g）于瓷坩埚中，先小火在可调式电炉上炭化至无烟，转移至马弗炉中，500 ℃灰化6~8 h，取出，放冷，若个别试样灰化不彻底，再加入1 mL硝酸-高氯酸混合酸（9+1）浸湿灰分，小火蒸干后移入马弗炉中，500 ℃继续灰化1~2 h，直至试样消化完全，呈灰白色或浅灰色，冷却后取出，用1%硝酸溶解灰化物，并冲洗坩埚3次，洗液合并移入10 mL或25 mL容量瓶中，用去离子水定容，同时做空白试验。

释义及注意事项：

1.铅的测定可参考此消解程序并结合相应的国家标准，对消解使用酸的种类，消解温度、时间等进行调整。

2.加硝酸–高氯酸混合酸要注意观察，防止严重炭化，发生爆炸危险，如溶液颜色变深，应取下稍冷，及时补加硝酸，消解终点时，尽可能让高氯酸挥发充分，以减少基体干扰。尽可能减少高氯酸用量，较高浓度的高氯酸会对铅、镉测定产生干扰，缩短石墨管寿命。开始时采用中温加热，防止暴沸、溅失损失。

3.水分含量高的水果蔬菜，用低温烘干后再加酸，防止冒泡。含磷较多的谷物及制品，在灰化过程中的磷酸盐会包裹沉淀，可加几滴硝酸或过氧化氢，加速炭粒氧化，蒸干后再继续灰化。

4.湿法消解的优缺点。

优点：称样量可调，便于观察消解过程，适用于不同基质样品，也适合大批量样品处理。

缺点：前处理时间较长，需酸量较大，电热板法热效率低，中间环节多。

5.干法消解的优缺点。

优点：称样量可调，操作简便，基本不用试剂。该方法样品处理完全，基体干扰小。

缺点：不便观察和中间环节控制，回收率容易偏低，样品易受污染，批量样品的检测受限制。对于挥发性元素、高蛋白、高脂肪等可燃性样品灰化阶段容易损失。

4.标准溶液的配制

按照标准要求，配制一系列浓度梯度的标准溶液，见表7–10。

表7–10　各元素标准系列

单位：μg/L

项目	数值
铅标准溶液的配制	铅标准溶液系列浓度分别为0、5.0、10.0、20.0、30.0、40.0
镉标准溶液的配制	镉标准溶液系列浓度分别为0、0.5、1.0、1.5、2.0、3.0

5.上机测定：铅、镉的测定（石墨炉法）

开启原子吸收分光光度计，将仪器调整至最佳状态，主要参数见表7–11。

表7-11　石墨炉原子吸收法的上机测试参数

石墨炉法	铅	镉
波长/nm	283.3	228.8
狭缝/nm	0.5	0.5
灰化温度/ ℃	700	600
原子化温度/ ℃	2 300	1 800
灯电流/mA	10.0	4.0

仪器分析顺序为：标准曲线、样品，仪器软件自动可得出样品上机浓度，按下式计算样品中铅、镉的含量。

试样中铅或镉的含量计算公式如下：

$$X=\frac{(c_1-c_0)\times V}{m\times 1\ 000}$$

式中：

X——试样中铅/镉的含量，mg/kg或mg/L；

c_1——试液溶液中铅/镉的质量浓度，μg/L；

c_0——空白溶液中铅/镉的质量浓度，μg/L；

V——试样消化液的定容体积，mL；

m——试样称样量或移取体积，g或mL；

1 000——换算系数。

6.有效数字

（1）当铅含量≥1.00 mg/kg（或mg/L）时，计算结果保留三位有效数字；当铅含量<1.00 mg/kg（或mg/L）时，计算结果保留两位有效数字。

（2）镉以重复条件下获得的两次独立测定结果的算术平均值表示，结果保留两位有效数字。

7.方法检出限

（1）铅的测定，当称样量为0.5 g（或0.5 mL），定容体积为10 mL时，方法的检出限为0.02 mg/kg（或0.02 mg/L），定量限为0.04 mg/kg（或0.04 mg/L）。

（2）镉的方法检出限为0.001 mg/kg，定量限为0.003 mg/kg。

8.精密度

在重复条件下获得的两次独立测定结果的绝对差值不得超过算术平均值的20%。

五、原子荧光法——土壤中总汞、总砷的测定

（一）参考标准

土壤中总汞、总砷含量的原子荧光检测法分别参照国家标准《土壤质量 总汞、总砷、总铅的测定 原子荧光法 第1部分：土壤中总汞的测定》（GB/T 22105.1）、《土壤质量总汞、总砷、总铅的测定 原子荧光法 第2部分：土壤中总砷的测定》（GB/T 22105.2）。

（二）土壤中总汞的测定

1.实验原理

采用硝酸–盐酸混合试剂在沸水浴中加热消解土壤试样，再用硼氢化钾或硼氢化钠将样品中所含汞还原成原子态汞，由载气（氩气）导入原子化器中，在特制汞空心阴极灯照射下，基态汞原子被激发至高能态，在去活化回到基态时，发射出特征波长的荧光，其荧光强度与汞的含量成正比，与标准系列比较，求得样品中汞的含量。

2.试剂

盐酸：ρ（HCl）＝1.19 g/mL，优级纯；硝酸：ρ（HNO_3）＝1.42 g/mL，优级纯；硫酸ρ（H_2SO_4）＝1.84 g/mL，优级纯；氢氧化钾溶液（KOH）；硼氢化钾（KBH_4），优级纯；重铬酸钾（$K_2Cr_2O_7$），优级纯；氯化汞（$HgCl_2$），优级纯；硝酸–盐酸混合试剂〔（1+1）王水〕；还原剂〔0.01%硼氢化钾（KBH_4）+0.2%氢氧化钾溶液（KOH）〕；载液〔（1+9）盐酸溶液〕；0.5 g/L重铬酸钾保存液；0.2 g/L重铬酸钾稀释液（现用现配）。

汞标准储备液：100 mg/L。

3.土壤试样前处理

土壤中总汞分析采用王水水浴法。

土壤风干后研磨过100目筛，称取土壤样品0.2~1.0 g（精确至0.000 2 g），于50.00 mL具塞比色管中加入少量去离子水润湿，在通风橱中用移液管吸取10 mL 硝酸–盐酸混合试剂〔（1+1）王水〕转移到50 mL具塞比色管中，加塞后摇匀，静置过夜。将比色管置沸水浴中消解2 h，中间摇动数次，消解完

成后取出放入通风橱冷却至常温，立即加入10 mL浓度为0.5 g/L重铬酸钾保存液，防止汞挥发，用0.2 g/L重铬酸钾稀释液稀释至刻度，摇匀后静置，取上清液测定总汞，同时做空白试验。

释义及注意事项：

1.实验涉及比色管、移液管等玻璃器皿，使用前需要用10%硝酸浸泡24 h，并用去离子水反复冲洗干净，同时做空白试验。

2.称取样品和试剂用牛角勺，防止污染。

3.制样所用工具每制备一份样品后擦洗一次，严防交叉污染。

4.王水的配制：盐酸和硝酸按3∶1的比例配制，然后用同体积的去离子水稀释一倍。

4.必备试剂、材料和设备的准备

（1）分析前将仪器调试至最佳状态，预热元素灯30 min以上。

仪器参考条件见表7-12。

表7-12　原子荧光分析总汞仪器参考条件

项目	数值
负高压/V	260
原子化器高度/mm	10
等电流/mA	30
载气流量/（mL/min）	400
屏蔽气流量/（mL/min）	900
读数时间/s	16
延时时间/s	4

（2）准备待分析样品、载流液和还原剂。

①载流：土壤试样测定：采用10%盐酸作为载流液。

②还原剂：土壤试样为0.2%氢氧化钾+0.01%硼氢化钾溶液。

释义及注意事项：

1.每次检测工作开始前，应对检测仪器设备进行必要的检查和维护。调整仪器工作条件，确保最佳工作状态。用标准溶液检查仪器灵敏度，对达不到灵敏度要求的仪器及时进行维修，否则不得进行样品检测。

2.检测工作中，应对实验室、样品储藏室、前处理室和仪器室等进行环境控制，保证温、湿度符合检测要求。

3.检测所用器皿，使用前均应进行清洗，防止造成交叉污染。

4.载流所采用的酸的种类和比例，可根据仪器条件进行调整。

5.还原剂所采用的种类和比例，可根据仪器条件进行调整。

6.硼氢化钾还原剂需要现用现配，硼氢化钾在碱性条件下才稳定。配制硼氢化钾还原剂时，必须先将称取的氢氧化钾溶于水中，再称取硼氢化钾。

（3）配制标准曲线。上机标准溶液需要现用现配，对于一般样品的测定选用汞含量为0.00 ng/mL、0.20 ng/mL、0.40 ng/mL、0.80 ng/mL、1.20 ng/mL、2.00 ng/mL、4.00 ng/mL的标准系列溶液。

释义及注意事项：

如果购买固定浓度的标准储备液，使用时可根据需要逐级稀释。

例如配制浓度为0.1 mg/mL：准确移取10 mL浓度为100 mg/mL的标准储备液稀释至100 mL，即为浓度为10 mg/mL工作液；准确吸取1 mL浓度为10 mg/mL工作液稀释至100 mL，即为浓度为0.1 mg/mL工作液，最后，再用此工作液配制所需浓度的标准曲线。

5.上机测定

打开仪器主界面，将仪器预热至最佳状态后测试标准曲线和样品，分析完成后，计算得出样品的含量。

土壤样品总汞含量ω以质量分数计，数值以mg/kg表示，按下式计算：

$$\omega=\frac{\left(c-c_0\right)\times V}{m\times(1-f)\times 1\,000}$$

式中：

c——从校准曲线上查得汞元素含量，ng/mL；

c_0——试剂空白液测定浓度，ng/mL；

V——样品消解后定容体积，mL；

m——试样质量，g；

f——土壤含水量，g/kg；

1 000——将ng换算为μg的系数。

6.有效数字

重复试验结果以算术平均值表示，保留三位有效数字。

7.方法检出限

土壤中汞的方法检出限为0.002 mg/kg。

8.精密度和准确度

本方法测定土壤中的总汞，相对误差的绝对值不得超过5%。在重复条件下，获得的两次独立测定结果的相对偏差不得超过12%。

释义及注意事项：

1.质量控制。用标准土样进行质量控制，样品土样、标准土样、空白样品同时进行前处理和上机检测。

2.空白加标回收。用空白样品定量添加标准溶液，添加浓度参考定量限或限量，计算回收率。在没有被测物质的空白样品基质中加入定量的标准物质，按样品的处理步骤分析，得到的结果与理论值的比值即为空白加标回收率。

3.精密度控制。每批样品数量低于5个时，至少做1个平行；样品数量高于5个样时，按样品数量的20%做平行，根据两个平行样品测定值计算相对偏差。

（三）土壤中总砷的测定

1.原理

样品中的砷经加热消解后，加入硫脲使五价砷还原为三价砷，再加入硼氢化钾将其还原为砷化氢，由氩气导入石英原子化器进行原子化分解为原子态砷，在特制砷空心阴极灯的发射光激发下产生原子荧光，产生的荧光强度与试样中被测元素含量成正比，与标准系列比较，求得样品中砷的含量。

2.试剂

盐酸：ρ（HCl）=1.19 g/mL，优级纯；硝酸：ρ（HNO_3）=1.42 g/mL，优级纯；氢氧化钾溶液（KOH），优级纯；硼氢化钾（KBH_4），优级纯；硫脲（H_2NCSNH_2），分析纯；抗坏血酸（$C_6H_8O_6$），分析纯；硝酸-盐酸混合试剂〔（1+1）王水〕；还原剂〔0.01%硼氢化钾（KBH_4）+0.2%氢氧化钾溶液（KOH）〕；载液〔（1+9）盐酸溶液〕；5%硫脲溶液；5%抗坏血酸溶液。

砷标准储备液：100 mg/L。

3.土壤试样的前处理

土壤中总砷分析采用王水水浴法。

土壤风干后研磨过100目筛，称取土壤样品0.2~1.0 g（精确至0.000 2 g）于50.00 mL具塞比色管中加入少量去离子水润湿，在通风橱中加入10 mL硝酸-盐酸混合试剂〔（1+1）王水〕，加塞后摇匀，静置过夜。

将具塞比色管置于沸水浴消解2 h，中间摇动数次，消解完成后取出放入通风橱冷却至常温，将消解完毕的土壤样品用去离子水定容至刻度，加塞后摇匀，再取一定量的消解液，一般取10 mL于50 mL具塞比色管中，加入3 mL盐酸溶液、5 mL 5%硫脲溶液、5 mL 5%抗坏血酸溶液，去离子水定容至刻度，摇匀后静置30 min以上，取上清液测定总砷，同时做空白试验。

释义及注意事项：

还原剂的配制：用去离子水配制5%硫脲+5%抗坏血酸的混合溶液，此溶液需现用现配。

4.必备试剂、材料和设备的准备

（1）开始分析前将仪器打开，并调试至最佳状态，预热元素灯30 min以上。

仪器参考条件见表7-13。

表7-13　原子荧光分析总砷仪器参考条件

项目	数值
负高压/V	260
原子化器高度/mm	10
等电流/mA	30
载气流量/（mL/min）	400
屏蔽气流量/（mL/min）	900
读数时间/s	16
延时时间/s	4

（2）准备待分析样品、载流液和还原剂。

①载流：采用10%盐酸作为载流液。载流所采用的酸的种类和比例，可根据仪器条件进行调整。

②还原剂：0.2%氢氧化钾+1%硼氢化钾溶液。还原剂所采用的种类和比例，可根据仪器条件进行调整。

（3）标准曲线的配制。上机标准溶液需要现用现配，对于一般样品的测定选用砷含量为0.0 ng/mL、10.0 ng/mL、20.0 ng/mL、30.0 ng/mL、40.0 ng/mL、60.0 ng/mL的标准系列溶液。

5.上机测定

打开仪器主界面，将仪器预热至最佳状态后测试标准曲线和样品，分析完成后，计算得出样品的含量。

土壤样品总砷含量ω以质量分数计，数值以mg/kg表示，按下式计算：

$$\omega=\frac{(c-c_0)\times V_2\times V_{总}/V_1}{m\times(1-f)\times 1\ 000}$$

式中：

c——从校准曲线上查得砷元素含量，ng/mL；

c_0——试剂空白溶液测定浓度，ng/mL；

V_2——测定时分取样品溶液稀释定容体积，mL；

$V_{总}$——样品消解后定容总体积，mL；

V_1——测定时分取样品消解液体积，mL；

m——试样质量，mg；

f——土壤含水量，g/kg；

1 000——将ng换算为μg的系数。

6.有效数字

重复试验结果以算术平均值表示，保留三位有效数字。

7.方法检出限

土壤中砷的方法检出限为0.01 mg/kg。

8.精密度和准确度

本方法测定土壤中总砷，其相对误差的绝对值不得超过5%。在重复条件下，获得的两次独立测定结果的相对偏差不得超过7%。

六、原子荧光法——水中总汞、总砷的测定

（一）参考标准

水中总汞、总砷含量的原子荧光检测法主要参照国家标准：畜禽用水和农田灌溉水中汞、砷含量分别参照《生活饮用水标准检验方法 金属指标》［GB/T 5750.6（8.1）］和《生活饮用水标准检验方法 金属指标》［GB/T 5750.6（6.1）］。

（二）水中汞的测定

1.方法原理

在一定酸度下，溴酸钾与溴化钾反应生成溴，可将试样消解使所含汞全部转为二价无机汞，用盐酸羟胺还原过剩的氧化剂，用硼氢化钠将二价汞还原成原子态汞，由载气（氩气）将其导入原子化器，在特制汞空心阴极灯的照射下，基态汞原子被激发至高能态，在去活化回到基态时，发射出特征波长的荧光，在一定的浓度范围内，荧光强度与汞的含量成正比，与标准系列比较定量。

2.试剂

盐酸：ρ（HCl）=1.19 g/mL，优级纯；氢氧化钠溶液（NaOH）2 g/L；硼氢化钠（$NaBH_4$）20 g/L；盐酸溶液（5+95）；溴酸钾–溴化钾溶液；盐酸羟胺溶液（100 g/L）；重铬酸钾（$K_2Cr_2O_7$），0.5 g/L；硝酸溶液（1+19）。

汞标准储备液：100 mg/L。

3.试样的前处理

水样中汞的分析一般是直接量取一定量的水样加入盐酸和试剂消解后上机分析。

水样：润洗移液管1~2次，准确吸取10 mL水样，转移到比色管中。

释义及注意事项：

原子荧光上机分析前，在水样和配置好的标准溶液中需要加入1 mL盐酸和0.5 mL溴化剂进行处理，摇匀后放置20 min，加入1~2滴盐酸羟胺使黄色褪尽，同时做空白试验。

4.必备试剂、材料和设备的准备

（1）开始分析前将仪器打开，并调试至最佳状态，预热元素灯30 min以上。

仪器参考条件见表7-14。

表7-14　原子荧光分析汞仪器参考条件

项目	数值
负高压/V	260
原子化器高度/mm	10
等电流/mA	30
载气流量/（mL/min）	400
屏蔽气流量/（mL/min）	900
读数时间/s	16
延时时间/s	4

（2）准备上机分析的样品、载流液和还原剂。

①载流：水样试样测定采用5%盐酸作为载流液。

②还原剂：0.2%氢氧化钾+2%硼氢化钠溶液。

释义注意事项：

1.载流所采用的酸的种类和比例，可根据仪器条件进行注意事项。

2.还原剂所采用的种类和比例，可根据仪器条件进行调整。

3.上机硼氢化钾还原剂需要现用现配，硼氢化钾在碱性条件下才稳定，配制硼氢化钾还原剂时必须先称取氢氧化钾溶于水中，再称取硼氢化钾。

（3）标准曲线的配制。

水样：用去离子水配制一系列10 mL汞标准溶液，浓度分别为0.00 ng/mL、0.10 ng/mL、0.20 ng/mL、0.40 ng/mL、0.60 ng/mL、0.80 ng/mL、1.00 ng/mL，然后分别向水样、空白及标准溶液管中加入1.0 mL盐酸、0.5 mL溴酸钾/溴化剂溶液，摇匀放置20 min后，加入1~2滴100 g/L盐酸羟胺溶液使黄色褪尽，混匀，待测，同时做空白试验。

释义及注意事项：

标准溶液需要现用现配。如果购买固定浓度的标准储备液，在使用时根据需要逐级稀释。

5.上机测定

打开仪器主界面，仪器预热至最佳状态后测试标准曲线和样品，分析完成后，计算得出样品的含量。

水样中汞的质量浓度计算公式如下：

$$\rho(\mathrm{Hg})=\frac{m}{V}$$

式中：

ρ（Hg）——水样中汞的质量浓度，mg/L；

m——从工作曲线上查得的水样中汞的质量，μg；

V——水样体积，mL。

6.检出限

水中汞的方法最低检测质量为0.05 ng，若取0.5 mL水样测定，则最低检测质量浓度为0.1 μg/L。

7.精密度和准确度

4个实验室测定含一定浓度汞的水样，测定8次，其相对标准偏差均小于

6.8%，在水样中加入0.1~1.0 μg/L的汞标准溶液，其回收率为86.7%~120%之间。

释义及注意事项：

水样用加标回收率进行质量控制。

（三）水中砷的测定

1.方法原理

在酸性条件下，三价砷与硼氢化钠反应生成砷化氢，由载气（氩气）带入石英原子化器，受热分解为原子态砷。在特制砷空心阴极灯的照射下，基态砷原子被激发至高能态，在去活化回到基态时，发射出特征波长的荧光，在一定的浓度范围内，其荧光强度与砷含量成正比，与标准系列比较定量。

2.试剂

氢氧化钠溶液（NaOH）2 g/L；硼氢化钠（$NaBH_4$）20 g/L；盐酸：ρ（HCl）=1.19 g/mL，优级纯；盐酸溶液（10+90）；硫脲–抗坏血酸溶液。

砷标准储备液：100 mg/L。

3.水样的前处理

水样总砷分析一般是直接量取一定量的水样加入盐酸和还原剂后上机分析。

水样：润洗移液管1~2次，准确吸取10 mL水样，转移到比色管中。

释义及注意事项：

原子荧光上机分析前，在水样和配置好的标准溶液中需要加入盐酸和还原剂进行处理。

4.必备试剂、材料和设备的准备

（1）开始分析前将仪器打开，并调试至最佳状态，预热元素灯30 min以上。

仪器参考条件见表7–15。

表7-15　原子荧光分析总砷仪器参考条件

项目	数值
负高压/V	260
原子化器高度/mm	10
等电流/mA	30
载气流量/（mL/min）	400
屏蔽气流量/（mL/min）	900
读数时间/s	16
延时时间/s	4

（2）准备上机分析的样品、载流液和还原剂。

①载流：采用10%盐酸作为载流液。载流所采用的酸的种类和比例，可根据仪器条件进行调整。

②还原剂：0.2%氢氧化钠+2%硼氢化钠溶液。还原剂所采用的种类和比例，可根据仪器条件进行调整。

（3）配制标准曲线。

水样：用去离子水配制一系列10 mL砷标准溶液，浓度分别为0.00 ng/mL、1.0 ng/mL、3.0 ng/mL、5.0 ng/mL、7.0 ng/mL、10.0 ng/mL、20.0 ng/mL，然后分别向水样、空白及标准溶液管中加入1.0 mL盐酸、1.0 mL 50 g/L硫脲抗坏血酸溶液，混匀待测，同时做空白试验。

释义及注意事项：

1.如果购买固定浓度的标准储备液，在使用时应根据需要逐级稀释。

2.检测样品、空白样品、标准曲线系列同时加入硫脲和抗坏血酸混合溶液。

5.上机测定

打开仪器主界面，将仪器预热至最佳状态后测试标准曲线和样品，分析完成后，计算得出样品的含量。

水样中砷的质量浓度计算见下式：

$$\rho(\mathrm{As})=\frac{m}{V}$$

式中：

$\rho(\mathrm{As})$——水样中砷的质量浓度，mg/L；

m——从工作曲线上查得的水样管中砷的质量，μg；

V——水样体积，mL。

6.检出限

砷的方法最低检测质量为0.5 ng，若取0.50 mL水样测定，则最低检测质量浓度为1.0 μg/L。

7.精密度和准确度

4个实验室测定含一定浓度砷的水样，测定8次，其相对标准偏差均小于4.9%，在水样中加入5.0~70 μg/L的砷标准溶液，其回收率为85.7%~113%。

七、原子荧光法——植物性食用农产品中总砷的测定

（一）参考标准

植物性食用农产品中总砷含量的原子荧光检测法主要参照国家标准《食品安全国家标准 食品中总砷及无机砷的测定》（GB 5009.11 第二法）。

（二）植物性食用农产品中总砷的测定

1.方法原理

食品试样经湿法处理后，加入硫脲使五价砷预还原为三价砷，再加入硼氢化钾或硼氢化钠使其还原生成砷化氢，由氩气载入石英原子化器中分解为原子态砷，在高强度砷空心阴极灯的发射光激发下产生原子荧光，其荧光强度在固定条件下与被测液中的砷浓度成正比，与标准系列比较定量。

2.试剂

硼氢化钾溶液（20 g/L）、硝酸溶液、高氯酸溶液、硫酸溶液、盐酸载流液、硫脲+抗坏血酸溶液：称取10.0 g硫脲，加约80 mL水，加热溶解，待冷却后加入10.0 g抗坏血酸，稀释至100 mL，现用现配。

砷标准储备液：100 mg/L。

3.试样的前处理

植物性食用农产品中总砷的分析采用湿法消解。

固体试样称样1.0~2.5 g，鲜样匀浆后称样5.0~10.0 g，精确至0.001 g，于150 mL三角瓶中，在通风橱中加入20 mL硝酸、4 mL高氯酸、1.25 mL硫酸，盖上曲颈玻璃漏斗，摇匀后置于通风橱中，放置过夜，同时做空白试验，将三角瓶置于电热板上，加热消解，若消解液处理至1 mL左右，仍有未分解物质或色泽变深，取下放冷，补加硝酸5~10 mL，再消解至2 mL左右，反复两三次至溶液澄清，注意避免碳化。若仍不能消解完全，则加入1~2 mL高氯酸，继续加热至消解完全后，再持续蒸发至高氯酸的白烟散尽，硫酸的白烟开始冒出。冷却后，加入25 mL去离子水，再蒸发至冒硫酸白烟。消解完毕后，用去离子水少量多次将消解液转移到25 mL容量瓶中，加入2 mL的硫脲+抗坏血酸，用去离子水定容并混匀，放置30 min以上，备测。

释义及注意事项：

1.若为冷冻的试样，必须提前从冰箱中取出，置于4 ℃冰箱冷藏室中融化或自然解冻，称量前需将融化或自然解冻的样品搅拌均匀。

2.称样时可以少量多次加入，尽量不要一次称过多，再从中取出。取出的样不能再回置样品中，而且每次称样时都要混匀样品，接近称样量时不能只加汁液。

3.一般情况下都需要加入高氯酸以加快消解速度。要注意观察消解过程，防止炭化导致砷的损失，若消解液颜色变深且比较黏稠，需要补充硝酸。

4.消解产生的氮氧化物，对氢化物发生原子荧光法测砷有正干扰作用，因此加水赶酸去除氮氧化物这一步骤非常关键。

5.在加水赶酸前，尽可能让高氯酸白烟冒尽后，继续让硫酸回流一段时间，其间有颜色变化，溶液会从透明变成淡黄色，再变回透明，然后再加水赶酸至冒硫酸白烟。加水要沿着瓶壁加入，以洗脱瓶壁上黏附的氮氧化物。

6.高氯酸白烟和硫酸白烟的观察方法：高氯酸白烟易从瓶口冒出，而硫酸白烟则滞留在锥形瓶内缭绕，不易冒出。

7.室温条件下标准溶液与试样还原时间至少30 min，温度较低时应延长还原时间。

4.必备试剂、材料和设备的准备

（1）开始分析前将仪器打开，并调试至最佳状态，预热元素灯30 min以上。仪器参考条件见表7-16。

表7-16 原子荧光分析总砷仪器参考条件

项目	数值
负高压/V	260
原子化器高度/mm	10
等电流/mA	30
载气流量/（mL/min）	400
屏蔽气流量/（mL/min）	900
读数时间/s	16
延时时间/s	4

（2）准备上机分析的样品：载流液和还原剂。

①载流：植物性食用农产品采用10%盐酸作为载流液。载流所采用的酸的种类和比例，可根据仪器条件进行调整。

②还原剂：0.2%氢氧化钠+1%硼氢化钠溶液。还原剂所采用的种类和比例，可根据仪器条件进行调整。

（3）标准曲线的配制。植物性食用农产品：配制浓度分别为0 ng/mL、1.0 ng/mL、2.0 ng/mL、4.0 ng/mL、8.0 ng/mL、10.0 ng/mL、20.0 ng/mL系列标准溶液。

5.上机测定

打开仪器主界面，将仪器预热至最佳状态后测试标准曲线和样品，分析完成后，计算得出样品的含量。

植物性食用农产品中总砷的含量计算：

$$X=\frac{(c-c_0)\times V\times 1\,000}{m\times 1\,000\times 1\,000}$$

式中：

X——试样中砷的含量，mg/kg；

c——试样被测物中砷的测定浓度，ng/mL；

c_0——试样空白消化液中砷的测定浓度，ng/mL；

V——试样消化液总体积，mL；

m——试样质量，g；

1 000——换算系数。

6.有效数字

计算结果保留两位有效数字。

7.检出限

当称样量为1 g，定容体积为25 mL时，方法检出限为0.010 mg/kg，方法定量限为0.040 mg/kg。

8.精密度和准确度

在重复性条件下获得的两次独立测定结果的绝对差值不得超过算术平均值的20%。

八、分光光度法——水中六价铬含量的测定

（一）参考标准

水中重金属六价铬含量的测定主要参照国家标准：畜禽饮用水参照GB/T 5750.6（10）生活饮用水标准检验方法金属指标；农田灌溉水参照GB/T 7467水质六价铬的测定二苯碳酰二肼分光光度法。

（二）畜禽水中六价铬的测定

1.原理

在酸性溶液中，六价铬可与二苯碳酰二肼作用，生成紫红色络合物，比色定量。

2.试剂

二苯碳酰二肼丙酮溶液（2.5 g/L）；硫酸溶液（1+7）；六价铬标准储备液（1 000 mg/L）。

3.分析步骤

水中六价铬的测定主要分为以下几个步骤：

（1）溶液的配制。1 mg/L六价铬标准溶液的配制和显色剂的配制。

释义及注意事项：

1.润洗移液管1~2次，吸取10 mL 1 000 mg/L的铬标准溶液加入100 mL容量瓶中，用去离子水定容并摇匀，此标准溶液的浓度为100 mg/L。同理，将100 mg/L溶液稀释至10 mg/L，将10 mg/L稀释至1 mg/L。

2.六价铬标准使用溶液必须当天配制。

3.称取二苯碳酰二肼0.25 g，溶于100 mL丙酮中。加去离子水稀释至100 mL。摇匀，贮存于棕色瓶中，放入冰箱保存。颜色变深后不能使用。

（2）标准曲线与试样的制备。

标准曲线的制备：取9支50 mL比色管，可预先向比色管中加入少量去离子水，再依次向各管加入1 mg/L六价铬标准溶液0.00 mL、0.20 mL、0.50 mL、1.00 mL、2.00 mL、4.00 mL、6.00 mL、8.00 mL、10.00 mL，用去离子水定容并摇匀，同时做空白试验。

试样的制备：取50 mL试样于50 mL比色管中。

释义及注意事项：

1.所有玻璃器皿内壁须光洁，以免吸附铬离子。不得用重铬酸钾洗液洗涤。可用硝酸、硫酸混合液或合成洗涤剂洗涤，洗涤后要冲洗干净。

2.样品应该用玻璃瓶采集，采集时，加入氢氧化钠，调节样品pH为8.0并在采集后尽快测定，如放置，不要超过24 h。

3.样品中不含悬浮物，低色度的清洁地面水可直接测定，否则要用沉淀法分离。

（3）显色。向水样及标准管中各加2.5 mL硫酸溶液及2.5 mL显色剂，立即混匀，放置10 min，上机，待测。

释义及注意事项：

铬与显色剂反应时，酸度对显色反应有影响，溶液的氢离子应控制在0.05~3 mol/L，且以0.2 mol/L时显色最稳定，温度和放置时间对显色都有影响，15 ℃时颜色最稳定，显色后2~3 min，颜色可达最深，且于5~15 min保持稳定。

（4）上机测定。启动紫外分光光度计，点击仪器软件上显示的自检画面，自检完毕将仪器条件设置到最佳状态后，于波长540 nm处，用3 cm比色皿，以纯水为参比，测试标准曲线和试样的吸光度。

（5）结果计算。由校准系列测得的吸光值减去空白试验的吸光度后，绘制吸光度对六价铬含量的曲线。计算公式如下：

$$\rho(\mathrm{Cr}^{6+})=\frac{m}{V}$$

式中：

ρ（Cr^{6+}）——水样中六价铬的质量浓度，mg/L；

m——由校准曲线查得的试份中六价铬含量，μg；

V——试份的体积，mL。

（6）有效数字。六价铬含量低于0.1 mg/L，结果以三位小数表示；六价铬含量高于0.1 mg/L，结果以三位有效数字表示。

（7）方法检出限。六价铬的最低方法检出限为0.2 mg/kg，若取50 mL水样测定，则最低检测质量浓度为0.004 mg/L。

（8）精密度。有70个实验室测定含六价铬304 μg/L和65 μg/L的合成水样。相对标准偏差为6.7%及9.2%；相对误差为5.3%和3.1%（GB/T 5750.6—2006 10.1.7）。

（三）农田灌溉水中六价铬的测定

1.原理

在酸性溶液中，六价铬可与二苯碳酰二肼作用，生成紫红色络合物，于波长540 nm处进行分光光度测定。

2.试剂

二苯碳酰二肼丙酮溶液；硫酸溶液（1+1）；磷酸溶液（1+1）。

六价铬标准储备液：1 000 mg/L。

3.分析步骤

水中六价铬的测定主要分为以下几个步骤：

（1）溶液的配制。1 mg/L六价铬标准溶液的配制和显色剂的配制。

释义及注意事项：

1.润洗移液管1~2次，吸取10 mL浓度为1 000 mg/L的铬标准溶液加入100 mL容量瓶中，用去离子水定容并摇匀，此标准溶液的浓度为100 mg/L。同法，将100 mg/L溶液稀释至10 mg/L，将10 mg/L稀释至1 mg/L。

2.六价铬标准使用溶液必须当天配制。

3.称取二苯碳酰二肼0.2 g，溶于50 mL丙酮中。加去离子水稀释至100 mL并摇匀，贮存于棕色瓶中，放入冰箱保存。颜色变深后不能使用。

（2）标准曲线与试样的制备。

标准曲线的制备：取9支50 mL比色管，可预先向比色管中加入少量去离子水，再依次向各管加入1 mg/L六价铬标准溶液0.00 mL、0.20 mL、0.50 mL、1.00 mL、2.00 mL、4.00 mL、6.00 mL、8.00 mL、10.00 mL，用去离子水定容并摇匀，同时做空白试验。

试样的制备：取50 mL试样于50 mL比色管中。

释义及注意事项：

1.所有玻璃器皿内壁须光洁，以免吸附铬离子。不得用重铬酸钾洗液洗涤。可用硝酸、硫酸混合液或合成洗涤剂洗涤，洗涤后要冲洗干净。

2.样品应该用玻璃瓶采集，采集时，加入氢氧化钠，调节样品pH为8.0并在采集后尽快测定，如放置，不要超过24 h。

3.样品中不含悬浮物，低色度的清洁地面水可直接测定。否则要用沉淀法分离。

（3）显色。用0.5 mL刻度吸管分别向以上各比色管中加入0.5 mL 1：1磷酸，0.5 mL 1：1硫酸，摇匀，反应2~3 min后，再用2 mL刻度吸管分别向各管加入2 mL显色剂，摇匀，反应10 min，上机，待测。

释义及注意事项：

1.配制好的显色剂溶液，贮存于棕色瓶中，现用现配，放入冰箱保存。颜色变深后不能使用。

2.铬与显色剂反应时，酸度对显色反应有影响，溶液的氢离子应控制在0.05~3 mol/L，且以0.2 mol/L时显色最稳定，温度和放置时间对显色都有影响，15 ℃时颜色最稳定，显色后2~3 min，颜色可达最深，且于5~15 min保持稳定。

（4）上机测定。启动紫外分光光度计，点击仪器软件上显示的自检画面，自检完毕将仪器条件设置到最佳状态后，于波长540 nm处，用3 cm比色皿，以纯水为参比，测试标准曲线和试样的吸光度。

（5）结果计算。由校准系列测得的吸光度减去空白试验的吸光度后，绘制吸光度对六价铬含量的曲线。计算公式如下：

$$c(Cr^{6+}) = \frac{m}{V}$$

式中：

c（Cr^{6+}）——六价铬的含量，mg/L；

m——由校准曲线查得的试份中六价铬含量，μg；

V——试份的体积，mL。

（6）有效数字。六价铬含量低于0.1 mg/L，结果以三位小数表示；六价铬含量高于0.1 mg/L，结果以三位有效数字表示。

（7）方法检出限。六价铬的最低方法检出限为0.2 mg/kg，若取50 mL水样测定，则最低检测质量浓度为0.004 mg/L。

（8）精密度。7个实验室测定含六价铬0.08 mg/L的统一分发标准溶液测定结果如下所示：

①重复性：实验室内相对标准偏差为0.6%。

②再现性：实验室间总相对标准偏差为2.1%（GB/T 7467 7.2）。

九、重金属检测的技术关键点

（一）标准曲线的建立

（1）考虑线性范围和相关性。

（2）考虑样品中重金属含量和称样量。

（3）标准系列的配制及存放时间。

为减少由于标准配制产生的误差，应从较高浓度的储备液逐级稀释至工作标准液。

标准系列应在测定时现配，不能隔日使用，尤其是镉、汞的标准系列溶液，超过半日后不能使用。

铅的线性范围宽为0~80.00 μg/L，使用范围为0~30.00 μg/L。

镉的线性范围宽为0~5.00 μg/L，使用范围为0~4.00 μg/L。

砷的线性范围宽为0~100.00 μg/L，使用范围为0~30.00 μg/L。

汞的线性范围宽为0~50.00 μg/L，使用范围为0~10.00 μg/L。

标准曲线的相关性一般要求达到0.999，至少要大于0.995。

（二）原子吸收法仪器条件的优化

（1）光路调节至最佳状态。

（2）进样器的位置调节。进样针头离石墨管底部1/3。

（3）选择适宜的石墨炉升温程序，保证样品反应完全。

石墨炉原子化程序升温过程：干燥过程中，斜坡升温120~150 ℃，蒸发溶剂，防止溶液暴沸；灰化过程中，斜坡升温，保持400~1 300 ℃，组分分流，盐类挥发，测定元素不损失，测定元素形态一致，温度越高，基体干扰越少，通过灰化温度-吸光度曲线图来寻找最佳灰化温度；原子化过程中，快速升温至1 200~2 500 ℃，使待测元素原子化，确保待测元素原子化充分，原子化时，屏蔽气要关闭；清洁过程中，快速升温至2 000~2 600 ℃，净化石墨管，清除石墨管内残存物质。

（4）基体改进剂。测定铅、镉时加入1%的磷酸二氢铵，磷酸根和铅、镉反应会生成更难挥发的磷酸铅和磷酸镉，可以提高灰化温度，减少干扰，使吸收峰更光滑，积分时间变短，峰面积增加。

（5）氘灯、空心阴极灯定期要维护和更换。

（6）石墨管的使用寿命约为几百次，当石墨管变形、响应值降低或涂层爆皮时应及时更换，新石墨管要老化后再测定；当石墨管烧了百次时，应清理石墨锥、石墨套，保证清洁度。

（7）石墨管寿命短的原因：消解液的影响；原子化温度高；样品复杂。

解决办法：尽量赶掉强氧化性酸；优化原子化温度（基改剂）；优化前处理方法。

（8）高背景值的原因：样品基体复杂；灵敏度高。

解决措施：优化前处理；优化升温程序；选择合适的基改剂。

（9）峰型不完整或宽峰的原因：原子化时间短；原子化温度低。

解决措施：延长原子化时间；提高原子化温度；使用热解涂层石墨管。

双峰的原因：石墨管损坏；基体复杂；元素形态不一致；石墨炉升温不稳定。

解决措施：提高原子化温度。

倒峰的原因：基体复杂；原子化温度高。

解决措施：优化灰化温度，降低原子化温度。

（10）重现性差的原因：自动进样器进样管污染；石墨管污染或损坏；石墨炉原点位置不合适；基体复杂，背景值高；石墨炉升温程序有问题；自动进样器管路有气泡；电压波动。

解决措施：稀酸溶液清洗进样管；更换石墨管；调节光路；优化干燥温度；优化灰化温度（基改剂）；配备稳压电源。

（11）灵敏度降低的原因：进样管中残留样品；石墨管损坏；酸度。

解决措施：调节进样管进样高度及清洁管口；更换石墨管。

（12）空白值偏高。仪器问题：进样管污染；石墨管污染。前处理问题：器皿污染；用水污染；试剂污染；样品消解过程中存在交叉污染。

解决措施：空管试验测定；器皿清洗；做空白平行样；使用高纯度酸。

（三）原子荧光法仪器条件的优化

（1）灯电流越大，光辐射越强，荧光强度越大，灵敏度越高，但是灯电流太大会产生自吸，影响稳定性，也会缩短灯的使用寿命。对于汞灯一般使用20~50 mA，足以满足灵敏度需要。若长时间使用灵敏度降低时，可适当加大灯电流，但要注意噪声、灯的寿命和自吸现象。

原子荧光的光电检测器一般采用日盲光电倍增管，高敏感度的波长范围为160~320 nm。负高压越大，光电倍增管的放大倍数越大，分析灵敏度也相应提高。但是，在满足检测需要的情况下，不宜选择太大负高压，会影响结果的重现性。

（2）一般应通过试验选用负高压和灯电流两者最佳配合的工作条件。

仪器要充分预热，特别是天气寒冷的季节，在空调状况下，预热2 h以上，尤其在需要测汞时更是如此。

在测定前进行10 min标准空白有利于仪器稳定。

仪器开机后，应进行光路及蠕动泵的调节。

砷、汞灯应预热20 min以上，以降低灯漂移产生的测量误差。

（3）测量过程中，如某一样品含量很高，将影响其他样品的结果，应重测空白值，直到回到正常值，再继续测样品。

样品和载液的交叉测定过程需要用二级水清洗，防止交叉污染。

（4）标准使用液现用现配。1%硼氢化钾溶液现用现配或于冰箱中可保存10 d。

汞标准储备液要保证酸度在10%以上，并加0.1%重铬酸钾保护剂。低质量浓度汞标准工作溶液要现用现配，用完作废。

（5）消化加热温度控制在180 ℃以下，避免元素损失。观察消化颜色，适量补加混酸，避免炭化。

（6）硼氢化钾的质量浓度对砷的测定有较大影响，尽可能采用低质量浓度的硼氢化钾，可以减少铜、铅、砷等元素的干扰。测定汞时，硼氢化钾的质量浓度越低，灵敏度越高，同时还可以大大降低各种干扰（但不能低于0.1%）。

盛放硼氢化钾溶液的容器应为聚乙烯塑料材质，避免使用玻璃器皿。

配制硼氢化钾溶液应先把氢氧化钾溶于水中，再加入硼氢化钾，以保证其稳定性。

（7）无论采用何种方法分解样品，切勿将溶液蒸干。

（8）原子荧光分析汞灵敏度高，产品和水样中含量低，分析过程中尤其注意挥发损失和污染问题。

（9）测砷时标准溶液与待测样均须加入硫脲-抗坏血酸进行预还原，还原时间应大于30 min，使砷还原至三价砷才能上机测定，如室温低于15 ℃，应延长放置时间。硫脲-抗坏血酸溶液应现用现配。注意氮氧化物的干扰。

配制砷、汞工作曲线时，标准液的酸度应为10%，与基体匹配。

（四）质量控制

（1）使用标准物质校验。选择与样品的基体和浓度相似的有证标准参考物质同步进行分析测量。

判定：标准物质含量测定结果落在证书含量 ± false不确定度范围内，检测过程可靠。

（2）平行测定。减少测定中的随机误差，增加样品的测定次数。每批样品做试剂空白。

判定：试剂空白的相对相差＜60%；样品相对相差＜20%。

释义及注意事项：

分析化学中的化学用语：若相同条件下只做了两次测定（重复一次），则用相差和相对相差表示精密度。下面给出计算公式：

两次平行测定时：

相差＝$|X_1-X_2|$（绝对值），相对相差＝相差/平均值。

（3）回收率实验。样品中加入与被测物含量相近的待测元素，同时进行前处理和测定，加标后的测定值不得超过方法的检测上限。

判定：镉80%~110%；铅75%~110%；汞80%~110%；砷80%~110%。

（4）记忆标准曲线数据。用于判断仪器状态和配制标准系列的准确度。

（5）对于测定有干扰严重的样品，标准加入法比较合适。

（6）使用自制质控样。

（7）加标量的确定。原则上加标量应是试样中待测元素含量的1~2倍，但是，试样中待测元素的含量往往未知，平时要加以总结。根据标准曲线的线性范围考虑，加标量所产生的测定值应处于曲线中间范围为合适。

第八章　农药残留分析

一、概述

（一）基本概念

（1）农药。用于预防消灭或控制危害农业、林业的病、虫、草及其他有害生物，以及有目的地调节植物、昆虫生长的化学合成或者来源于生物、其他天然物质或者几种物质的混合物及其制剂。

（2）农药残留。农药使用后残存在生物体、农副产品和环境中的微量农药原体、有毒代谢物、降解物和杂质的总称。

（3）农药最大残留限量。在食品中农药残留的法定最高允许浓度，又称最高残留限量，以每千克食品中农药残留的毫克数（mg/kg）表示。

释义及注意事项：

1.制定农残限量的目的是控制食品中过量农药残留，以保障使用者安全，推行和指导合理用药，调节国际贸易纠纷。

2.制定方法为按照良好农业活动规范使用农药后，在农产品中的最大残留浓度，其数值必须是毒理学上可以接受的，由各国政府部门按法律公布。

3.《食品安全国家标准 食品中农药最大残留限量》（GB 2763），国家标准作为一项加强农药管理的措施。

（二）农药残留检测的特点

（1）目标物种类多，结构差异大。

（2）目标物含量低，样品中目的物仅微克、毫克级。

（3）样品种类多，干扰物成分各异。

（4）方法要求灵敏、准确、快速、简便、成本低。

（5）对样品的前处理和仪器分析提出更高要求。

（三）检测前工作准备

1.环境的检查

应对实验室、样品储藏室、前处理室和仪器室等环境进行控制，保证环境的温湿度符合检测的要求。

样品前处理室要进行控温，防止试剂的过度挥发，影响结果的准确性。湿度较大的地方，要对仪器室进行除湿。

2.试剂和药品的检查

每进一批试剂药品，在使用前应按相应实验室要求的标准对其进行检测，并对其杂质进行检查，排除试剂对检测结果的干扰。检查标准物质和标准溶液是否在有效期内。一般配制的农兽药标准溶液：500~1 000 mg/L标准储备液，保存在0 ℃左右冰箱中，有效期6个月；0.5~1 mg/L或适当浓度的标准工作液，保存在0~5 ℃冰箱中，有效期2~3周。

3.水的选择

按照GB/T 6682的规定，农残检测应使用一级水用于色谱分析，流动相保存于高硼硅玻璃瓶（耐热、耐高温、耐酸碱等）中。

4.有机试剂的选择

选择HPLC级，一般不需过滤，避免造成二次污染，如在试剂中加入其他无机盐试剂则需过滤，除去无机盐中的杂质，防止进样阀、管路及色谱柱堵塞，减少杂质对色谱图的干扰。

5.仪器设备的检查

每次检测工作开始前，应对检测仪器设备进行必要的检查和维护。调整仪器工作条件，使仪器处于最佳工作状态。用标准溶液检查仪器灵敏度，对达不到灵敏度要求的仪器应及时进行维修，没有达到要求前不能进行样品检测。

6.检测用器皿的检查

检测所用器皿，使用前要进行清洗，防止造成交叉污染。

7.样品的检查

受检样品的状况及数量是否符合检测要求。

（四）检测任务

1.例行监测

监测参数基本固定。检测方法：按照国家或行业标准执行，农药残留检测方法依据主要为NY/T 761、GB 23200系列标准等。判定依据：GB 2763，但由于部分产品没有对应的农药残留限量，因此一般建议按照如下原则判定：

（1）有限量值的按限量值判定。

（2）没有限量值的分为两种情况，根据蔬菜分类：

一类蔬菜中某种蔬菜有限量值的，将该限量值外推至该类蔬菜进行判定。如番茄中多菌灵的限量值为3 mg/kg，判定时规定茄果类蔬菜的限量值即为3 mg/kg，虽然没有规定茄子中多菌灵的限量值，但由于茄子与番茄同属茄果类，因此按3 mg/kg进行判定。

另一类蔬菜中的所有蔬菜都没有规定限量值的，按此种农药最高限量值判定。如腐霉利在韭菜中限量值为0.2 mg/kg，在黄瓜中限量值为2 mg/kg，在果菜类蔬菜中的限量值为5 mg/kg，但没有规定芹菜中的限量值，此时芹菜按最高限量值5 mg/kg判定。

2.风险评估

检测方法可以依据国家或行业标准；可以使用实验室经过验证的方法。由于目前检测方法无法覆盖风险评估的参数，且方法较烦琐，因此基本使用实验室经过验证的方法。判定依据为GB 2763、ADI值。

释义及注意事项：

ADI（Acceptable Daily Intake）：指人或动物每日摄入某种化学物质（食品添加剂、农药等），对健康无任何已知不良效应的剂量。以相当于人或动物千克体重的毫克数表示，单位一般是mg/kg（体重）。

3.专项监测

监测样品种类特定，主要是问题比较突出的产品，如豇豆、芹菜等。检测方法同风险评估；判定依据为GB 2763。

4.监督抽查

抽查样品种类为问题较多的产品。抽查参数：必须有判定依据标准的，必须有国家或行业检测方法标准的。检测结果必须经过被抽查单位确认。检测方法：国家或行业检测方法标准。判定依据：GB 2761、GB 2762、GB 2763、农业农村部公告等。

二、抽样及试样制备

（一）定义

（1）抽样检验：根据实际需要，从产品批量中抽取一定数量的样本进行检验的过程。

（2）抽样代表性：是指抽取的样品或样本代表被取样的地点或样本单元的全部（或总体）的程度。它在数量上表示为类比误差或代表性误差。

（二）抽样原则

1.随机性

抽出的用以评定整批产品的样品，应是不加任何选择的，按随机原则抽取。

2.代表性

抽样所得的样品应具有足够的代表性，应是以从整批产品中所取出的全部各个样品（份样）集成大样来代表整批产品，不应以个别少数样品（份样）或单株或单个果实来代表整批，抽取混合样品，根据检测的目的和要求，确定标本单元的大小与对象。比如检测一批苹果的质量，则样品对象即为苹果，须具体问题具体分析。生产地抽样时应避开病虫害等植株。

3.可行性

抽样的方法、使用的工具及样品数量应是合理可行、切合实际的，符合样品检验的要求，应在确保随机性、代表性的基础上做到快速、经济、可操作性强。

4.公正性

抽样工作应在承担任务的机构主持下，抽样人员应亲自到现场抽样。受检单位人员可陪同抽样，但不应干扰已定抽样方案的实施。

（三）抽样准备

1.抽样方案的编制

根据抽检任务的要求，制定抽样方案。方案包括：抽样地点（区域、城市、抽样点）、抽样人员、抽样时间、所抽样品名称和数量、抽样程序、所抽样品的包装、处理和运输。

2.抽样用品的准备

（1）文件类。抽检任务相关文件、抽样工作单、记录本、抽样人员的工作证。

（2）工具类。抽样袋、保鲜袋、纸箱或冷藏箱、标签、封条等。保证用具洁净、干燥、无异味，不会对样品造成污染。

（四）抽样地点

1.生产基地

当蔬菜种植面积小于10 hm^2时，每1~3 hm^2设为一个抽样单元；当蔬菜种植面积大于10 hm^2时，每3~5 hm^2设为一个抽样单元。

在蔬菜大棚中抽样，每个大棚为一个抽样单元。

每个抽样单元内根据实际情况按对角线法、梅花点法、棋盘式法、蛇形法等采取样品。

每个抽样单元内抽样点应不少于5点。个体较大的样品（如大白菜、结球甘蓝），每点采样量不应超过2个个体，个体小的样品（如樱桃番茄），每点采样量0.5~0.7 kg。若采样总量达不到规定的要求，可适当增加采样个体。

每个抽样点面积为1 m^2左右，随机抽取该范围内同一生产方式、同一成熟度的蔬菜作为检测用样品。

一个基地如大棚数量多，则抽取部分大棚作为抽样单元。

2.生产企业

从样品库中随机抽取。

3.批发市场

（1）散装样品。应视堆高不同从上、中、下分层取样。

（2）包装产品。堆垛取样时，在堆垛两侧的不同部位上、中、下的四角抽取相应数量的样品。

4.农贸市场和超市

同一摊位抽取的同一产地、同一种类蔬菜样品为一个批次。为避免二次污染，应尽可能从原包装中取样。

释义及注意事项：

1.选择抽样地点时，首先应确定一个预定的抽样点，同时还应确定一个备用抽样点，在预定的抽样点抽不到需要的样品时，可以用与预定抽样点大小相当、距离接近的备用抽样点代替。抽样点变更，应在抽样工作单的备注中注明。

2.抽样点的分布应在所抽区域的不同方位，相同名称的超市原则上只抽一个。

（五）抽样人员

抽样人员应经过培训，取得相应的资质。

每一抽样点抽样人员不应少于2人。其中一人应具有抽样工作经验，负责对抽样工作程序的具体实施及相关情况的协调处理。

抽样人员应态度端正，工作作风严谨。

（六）抽样时间

1.生产基地

根据不同蔬菜品种在其种植区域的成熟期来确定，抽样应安排在蔬菜成熟期或蔬菜即将上市前进行，在喷施农药安全间隔期间内的样品不要抽取，抽样时间应选在9~11时或者15~17时，下雨天不宜抽样。

2.批发市场

宜在批发或交易高峰时期抽样。

3.农贸市场和超市

宜在抽取批发市场样品之前进行。

4.生产企业

库房中有样品时抽样。

释义及注意事项：

1.任何抽样点在一个月内，某一种样品的抽样次数不能超过这种样品计划抽样次数。假如一种样品在一个月内在某一抽样点需抽取两三次，那么每次抽样时间要间隔几天。

2.抽样时间应注意避开法定节假日。

（七）抽样量

样品预处理和抽样量参照《农药残留分析样品的采样方法》NY/T 789规定执行。

样品预处理和抽样量：

1.块根类和块茎类蔬菜

采集块根或块茎，用毛刷和干布去除泥土及其他黏附物。样本采集量至少为6~12个个体，且采样量不少于3 kg。代表种类：马铃薯、萝卜、胡萝卜、芜菁、甘薯、山药、甜菜、块根芹。

2.鳞茎类蔬菜

韭菜和大葱应去除泥土、根和其他黏附物；鳞茎、干洋葱头和大蒜应去除根部和老皮。样本采集量至少为12~24个个体，且采样量不少于3 kg。代表种类：大蒜、洋葱、韭菜、葱。

3.叶类蔬菜

去掉明显腐烂和萎蔫部分的茎叶。菜花和花椰菜分析花序和茎。样本采集量至少为4~12个个体，采样量不少于3 kg。代表种类：菠菜、甘蓝、大白菜、莴苣、甜菜叶、花椰菜、萝卜叶、菊苣。

4.茎菜类蔬菜

去掉明显腐烂和萎蔫部分的可食茎、嫩芽。大黄只取茎部。样本采集量至少为12个个体，且采样量不少于2 kg。代表种类：芹菜、朝鲜蓟、菊苣、大黄等。

5.豆菜类蔬菜

取豆荚或籽粒。样本采集量为鲜豆（荚）不少于2 kg，干样不少于1 kg。代表种类：蚕豆、菜豆、大豆、绿豆、豌豆、芸豆、利马豆。

6.果菜类（果皮可食）

除去果梗后的整个果实。样本采集量为6~12个个体，采样量不少于3 kg。代表种类：黄瓜、胡椒、茄子、西葫芦、番茄、黄秋葵。

7.果菜类（果皮不可食）

除去果梗后的整个果实，测定时果皮与果肉分别测定。样本采集量为4~6个个体。代表种类：哈密瓜、南瓜、甜瓜、西瓜、冬瓜。

8.食用菌类蔬菜

取整个子实体。样本采集量至少12个个体，采样量不少于1 kg。代表种类：香菇、草菇、口蘑、双孢蘑菇、大肥菇、木耳等。

9.柑橘类水果

取整个果实。外皮和果肉分别测定。样本采集量至少6~12个个体，采样量不少于3 kg。代表种类：橘子、柚子、橙子、柠檬等。

10.梨果类水果

去蒂、去芯部（含籽）带皮果肉共测。样本采集量至少12个个体，采样量不少于3 kg。代表种类：苹果、梨等。

11.核果类水果

除去果梗及核的整个果实，但残留计算包括果核。样本采集量至少24个个体，采样量不少于2 kg。代表种类：杏、油桃、樱桃、桃、李子。

12.小水果和浆果

去掉果柄和果托的整个果实，样本采集量不少于3 kg。代表种类：葡萄、草莓、黑莓、醋栗、越橘、罗甘莓、酸果蔓、黑醋栗、覆盆子。

13.果皮可食类水果

枣、橄榄应分析除去果梗和核后的整个果实，但计算残留量时以整个果实计。无花果取整个果实。样本采集量不少于1 kg。代表种类：枣、橄榄、无花果。

14.果皮不可食类水果

除非特别说明，应取整个果实。鳄梨和杧果；整个样本去核，但是计算残留量时以整个果实计。菠萝应去除果冠。样本采集量为4~12个个体，采样量不少于3 kg。代表种类：鳄梨、杧果、香蕉、番木瓜果、番石榴、西番莲果、新西兰果、菠萝。

（八）抽样程序

（1）到达抽样点后，抽样人员应主动向相关单位出示抽样文件、抽样人员证件，说明抽样内容。

（2）随机抽取无明显瘀伤、腐烂、长菌或其他表面损伤的蔬菜样品，抽样时应选择成熟度相同的样品。

生产地不宜抽取完全成熟的样品；搭架引蔓的蔬菜，取中段果实；叶菜类蔬菜去掉外帮；根茎类和薯类蔬菜取可食部分。除去泥土、黏附物及萎蔫部分。

（3）样品应进行购买，价格接近市场零售或略高，作为对耽误卖家时间和交易的补偿。生产地抽样时应调查蔬菜生产、管理情况，市场抽样应调查蔬菜来源或产地。

（4）抽取不同样品时推荐使用一次性手套，每抽一个样品时更换一次。抽样全过程所有用具都要保证不会对样品造成二次污染。

（5）抽样人员要与受检单位人员共同确认样品的真实性和代表性，在现场认真填写抽样工作单，准确记录抽样的相关信息。双方签字、盖单位公章。抽样工作单一式四联，第一联留抽样单位，第二联留被抽单位，第三联随样品，第四联交任务下达单位。抽样工作单填写的信息要齐全、准确，字迹清晰、工整。

（6）由于遇到抽样点关闭、天气状况等特殊情况造成不能抽样，或在规定时间内抽样点抽不到样品，应及时与任务下达单位联系，汇报情况。

（7）抽取的样品应放入塑料袋中，装入样品后的塑料袋要密封，允许在塑料袋上打几个小孔通风。样品袋一旦打开后不能恢复原状。封条上标明封样时间，并由双方代表共同签字。

（8）样品袋上要加贴样品的标识。标识的内容包括：样品名称、样品编号、抽样人和抽样时间。

（9）样品应由抽样人员尽快带回实验室处理。

（九）样品运输

（1）高温季节样品运输应选择保持低温的容器，低温包装时应使用适当的材料包裹样品，避免与冷冻剂接触造成冻伤，冷冻剂不可使用碎冰。

（2）样品应在24 h内运送到实验室，否则应将样品缩分冷冻后运输。原则上不准邮寄和托运，应由抽样人员随身携带。

（3）除非征得实验室同意，样品不宜在星期五或节假日前一天送达。

（4）样品运输过程中应有避免样品被污染的措施。

（十）食品类别及测定部位

食品类别及测定部位参照GB 2763《食品安全国家标准 食品中农药最大残留限量》附录A。

1.蔬菜（鳞茎类）

鳞茎葱类：大蒜、洋葱、薤等，可食部分；绿叶葱类：韭菜、葱、青蒜、蒜薹、韭葱等，整株；百合（鲜），鳞茎头。

2.蔬菜（芸薹属类）

结球芸薹属：结球甘蓝、球茎甘蓝、抱子甘蓝、赤球甘蓝、羽衣甘蓝、皱叶甘蓝等，整棵；头状花序芸薹属：花椰菜、青花菜等，整棵，去除叶；茎类芸薹属：芥蓝、菜薹、茎芥菜等，整棵，去除根。

3.蔬菜（叶菜类）

绿叶菜：菠菜、普通白菜（小白菜、小油菜、青菜）、苋菜、蕹菜、茼蒿、大叶茼蒿、叶用莴苣、结球莴苣、苦苣、野苣、落葵、莜麦菜、叶芥菜、萝卜叶、芜菁叶、菊苣、芋头叶、茎用莴苣叶、甘薯叶等，整棵，去除根；叶柄类：芹菜、茴香、球茎茴香等，整棵，去除根；大白菜，整棵，去除根。

4.蔬菜（茄果类）

番茄类：番茄、樱桃番茄等，全果（去柄）；其他茄果类：茄子、辣椒、甜椒、黄秋葵、酸浆等，全果（去柄）。

5.蔬菜（瓜类）

黄瓜、腌制用小黄瓜，全瓜（去柄）；小型瓜类：西葫芦、节瓜、苦瓜、丝瓜、线瓜、瓠瓜等，全瓜（去柄）；大型瓜类：冬瓜、南瓜、笋瓜等，全瓜（去柄）。

6.蔬菜（豆类）

荚可食类：豇豆、菜豆、食荚豌豆、四棱豆、扁豆、刀豆等，全豆（带荚）；荚不可食类：菜用大豆、蚕豆、豌豆、利马豆等，全豆（去荚）。

7.蔬菜（茎类）

芦笋、朝鲜蓟、大黄、茎用莴苣等，整棵。

8.蔬菜（根茎类和薯芋类）

根茎类：萝卜、胡萝卜、根甜菜、根芹菜、姜、辣根、芜菁、桔梗等，整棵，去除顶部叶及叶柄；马铃薯，全薯；其他薯芋类：甘薯、山药、牛蒡、木薯、芋、葛、魔芋等，全薯。

9.蔬菜（水生类）

茎叶类：水芹、豆瓣菜、茭白、蒲菜等，整棵，茭白去除外皮；果实类：菱角、芡实、莲子（鲜）等，全果（去壳）；根类：莲藕、荸荠、慈姑等，整棵。

10.蔬菜（芽菜类）

绿豆芽、黄豆芽、萝卜芽、苜蓿芽、花椒芽、香椿芽等，全部。

11.蔬菜（其他类）

黄花菜（鲜）、竹笋、仙人掌、玉米笋等，全部。

12.水果（柑橘类）

柑、橘、橙、柠檬、柚、佛手柑、金橘等，全果（去柄）。

13.水果（仁果类）

苹果、梨、山楂、枇杷、榅桲等，全果（去柄），枇杷、山楂参照核果。

14.水果（核果类）

桃、油桃、杏、枣（鲜）、李子、樱桃、青梅等，全果（去柄和果核），残留量计算应计入果核的重量。

15.水果（浆果和其他小型类水果）

藤蔓和灌木类：枸杞（鲜）、黑莓、蓝莓、覆盆子、越橘、加仑子、悬钩子、醋栗、桑葚、露莓（包括波森莓和罗甘莓）等，全果（去柄）；小型攀缘类：皮可食：葡萄（鲜食葡萄和酿酒葡萄）、树番茄、五味子等，全果（去柄）；皮不可食：猕猴桃、西番莲等，全果（去柄）；草莓，全果（去柄）。

16.水果（热带和亚热带类水果）

（1）皮可食。柿子、杨梅、橄榄、无花果、杨桃、莲雾等，全果（去柄），杨梅、橄榄检测果肉部分，残留量计算应计入果核的重量。

（2）皮不可食。

①小型果：荔枝、龙眼、红毛丹等，全果（去柄和果核），残留量计算应计入果核的重量。

②中型果：杧果、石榴、鳄梨、番荔枝、番石榴、黄皮、山竹等，全果，鳄梨和杧果去除核，山竹测定果肉，残留量计算应计入果核的重量。

③大型果：香蕉、番木瓜、椰子等，香蕉测定全蕉；番木瓜测定去除果核的所有部分，残留量计算应计入果核的重量；椰子测椰汁和椰肉。

④带刺果：菠萝、菠萝蜜、榴梿、火龙果等，菠萝和火龙果去除叶冠部分；菠萝蜜、榴梿测定果肉，残留量计算应计入果核的重量。

17.水果（瓜果类）

西瓜，全瓜；甜瓜类：薄皮甜瓜、网纹甜瓜、哈密瓜、白兰瓜、香瓜、香瓜茄等，全瓜。

18.食用菌

蘑菇类：香菇、金针菇、平菇、茶树菇、竹荪、草菇、羊肚菌、牛肝菌、口蘑、松茸、双孢蘑菇、猴头菇、白灵菇、杏鲍菇等，整棵；木耳类：木耳、银耳、金耳、毛木耳、石耳等，整棵。

（十一）试样的制备

1.样品的缩分

将实验室样品混合后用四分法缩分，进行样品预处理：对于个体小的物品（如苹果、梨等），去柄、皮、核、根等，取出可食部分；对于个体大的基本均匀物品（如西瓜、冬瓜等）可在对称轴或对称面上分割或切成小块。

2.样品的制备、分装和保存

取缩分后的样品不少于1 kg，用捣碎机匀浆，将匀浆后的样品放入容器中，贴好样品标签，待测。检测样品分为三份：一份为正样，一份为副样，另一份为备样。每份试样200~300 g。

盛装容器：聚乙烯塑料瓶。

保存条件：−20~−16 ℃以下的冰柜或冰箱冷藏室。

其他样品的制备参照GB/T 27404《实验室质量控制规范食品理化检测》。

释义及注意事项：

1.试样制备存在问题。试样制备时一定要进行缩分，因为不可能将所有抽取的样品全部制成试样。处理的样品一定要有代表性，所取样品应全部处理；在缩分的时候，样品切得体积过大，不能充分混匀；样品匀浆时，粉碎机转速不够，样品不能充分粉碎。

2.每处理完一个样品后，刀、砧板、匀浆机等工具和器皿均需要清洗，防止交叉污染。

3.运输过程应避免阳光直射，并尽快运到实验室，贮存在3~5 ℃条件下，样品应及时处理。若样品需贮存6~9个月，应贮存在–20 ℃条件下。

4.标签至少包含样品名称、样品编号、制样人、制样时间、正样（副样）以及样品状态，如待检、在检、检毕等。

5.一般情况下，一份用于检验检测，即“正样”，一份用于需要时复查或确证用，即“副样”，一份做留样外部验证备用，即“备样”。

6.冷冻样品中的冰晶和水不得丢弃，应重新匀浆后再取样检测。解冻后的样品应立即进行检测，不应反复解冻。

三、气相色谱法——蔬菜水果中农药残留量的测定（NY/T 761）

（一）测定原理

1.蔬菜和水果中54种有机磷类农药多残留的测定原理

试样中有机磷类农药用乙腈提取，经过滤、浓缩后，用丙酮定容，再用双自动进样器同时注入气相色谱仪的两个进样口，农药组分经不同极性的两根毛细管柱分离，火焰光度检测器（FPD磷滤光片）检测。采用双柱的保留时间定性，外标法定量。

2.蔬菜和水果中41种有机氯和拟除虫菊酯类农药多残留的测定原理

试样中有机氯类、拟除虫菊酯类农药用乙腈提取，经过滤、浓缩后，采用固相萃取柱分离、净化，淋洗液经浓缩后，双塔自动进样器同时将样品溶液注入气相色谱仪的两个进样口，农药组分经不同极性的两根毛细管柱分离，电子捕获器（ECD）检测。采用双柱保留时间定性，外标法定量。

（二）标准溶液配制

如果购买浓度为100 μg/mL的标准储备液，在使用时应根据各农药在对应检测器上的响应值，准确吸取适量的标准储备液，用相应介质稀释配制成所需的标准工作液。

1.单标配制

以标准储备液浓度100 μg/mL为例，配制上机工作液0.1 μg/mL的浓度，可先移取100 μg/mL的标品800 μL至10 mL容量瓶内，用相应介质定容即为浓度是8 μg/mL的中间工作液，再从浓度是8 μg/mL的中间工作液中吸取125 μL于10 mL容量瓶中，相应介质定容即为浓度是0.1 μg/mL的上机工作液。

2.混标配制

以标准储备液浓度100 μg/mL为例，如果配制6个农药组分浓度为0.1 μg/mL的上机工作液，应分别移取6个农药参数浓度为100 μg/mL的标准工作液800 μL至10 mL容量瓶内，用相应介质定容，即为浓度是8 μg/mL的6种农药参数的混合中间工作液，再从浓度是8 μg/mL的混合中间工作液中吸取125 μL于10 mL容量瓶中，用相应介质定容，即为0.1 μg/mL的混合上机工作液。

释义及注意事项：

1.购买的单支浓度为100 μg/mL的标准储备液，一般体积大于或小于1 mL，因此不能直接当作1 mL全部转移，需取用合适体积的标准储备液配制中间工作液。

2.用容量瓶配制标准储备液时，应先在容量瓶中加入适量的定容溶液，防止标品挥发，定容时，当加入定容溶液至容量瓶2/3体积时，应先轻轻摇匀（不能颠倒），再加至刻度线后充分混匀。

3.由于在检测过程中存在一定的基质效应，用试剂配制标准溶液测定样品往往会导致检测结果偏高或偏低，影响检测结果的准确性，因此在测定时要克服基质效应。

目前使用最多的减小基质效应的方法是采用样品空白提取液配制标准溶液，来弥补基质效应带来的定量偏差。

（三）分析步骤

1.称样

将试样搅匀，准确称取25.0 g（精确至0.1 g）试样于150 mL烧杯中。

释义及注意事项：

1.若为冷冻的试样，必须提前从冰箱中取出，置于4 ℃冰箱冷藏室中融化或自然解冻，称量前需将样品搅拌均匀。

2.准确称取25.0 g试样，按四舍六入五成双的原则，称样量应在24.95~25.05 g之间。

3.称量样品时应注意样品要有代表性，尽量使用较大的称量勺，每次用勺子舀出样品前均应搅拌均匀，以减少样品间的差异，使用开口大小合适的烧杯，避免样品粘到容器壁上，避免反复移取样品。

4.称量前应将电子天平预热30 min以上，以确保称量的准确性。

2.提取

用量筒量取50.0 mL乙腈，加到盛有试样的烧杯中，15 000 r/min高速均质2 min。

释义及注意事项：

1.量筒使用时，应平视凹液面，不能将其放在桌面上，蹲着查看，正确做法是：单手拿起量筒，手捏量筒刻度线上部，置于眼睛平视前方的位置查看刻度。如果称样时杯壁粘有样品，加入乙腈时应冲洗杯壁。

2.均质样品时应防止交叉污染，一般用自来水清洗两次就可以，但是，如果含有添加回收的样品或其他比较重要的样品，可以依次用水—有机溶剂—水清洗。

3.如果均质器刀头仍藏有样品，还需将刀头卸下，清除残余物，清洗干净后，装上即可。

3.过滤

均质好的样品用滤纸过滤，滤液收集到装有5~7 g氧化钠的100 mL具塞量筒中。

释义及注意事项：

1.将滤纸两次对折，叠成90° 圆心角形状，把叠好的滤纸按一侧三层，另一侧一层打开，呈漏斗状，撕去滤纸三层部分一角，把滤纸装入漏斗内，滤纸边低于漏斗边约0.5 cm，加少许水润湿，沿玻璃棒向漏斗口内倒入均质好的试样，过滤到最后，用镊子将三层一侧往单层滤纸边折叠，用玻璃棒轻压，挤出残留液体，需要挤压的样品一般比较干燥，含水量少。

2.氯化钠需要在140 ℃条件下烘4 h。

4.震荡

收集到的滤液有40~50 mL，盖紧盖子，剧烈震荡1 min。

释义及注意事项：

1.具塞量筒的塞子和量筒要配套，否则滤液会在震荡的过程中溢出；震荡结束后要开塞放气（震荡中间也要放气1~2次），防止瓶塞吸住。

2.震荡时要保证氯化钠和样品充分震混合，促使有机相与水相充分分层。

3.在震荡的过程中如果发现氯化钠完全溶解，则需要补加少量的氯化钠，震荡后具塞量筒底部要存有部分固体氯化钠。

5.静置

将震荡后的具塞量筒，在室温下静置30 min以上，使乙腈相和水相分层。

释义及注意事项：

静置过程中，如发现溶液不分层或分层不明显产生乳化现象发生，可采取加水、加氯化钠继续震荡静置或用吹风机吹乳化层、离心等措施处理，静置过程中要开盖2~3次。

6.浓缩及净化

（1）蔬菜和水果中54种有机磷类农药多残留的测定。从具塞量筒中吸取10.00 mL乙腈溶液，放入150 mL烧杯中，将烧杯放在80 ℃水浴锅上加热，杯内缓缓通入氮气或空气流，蒸发近干，加入2.0 mL丙酮，盖上铝箔，备用。

将上述备用液完全转移至15 mL刻度离心管中，再用约3 mL丙酮分3次冲洗烧杯，并转移至离心管，最后定容至5.0 mL，在旋涡混合器上混匀，装入2个样品瓶中，待测。如定容后的样品溶液过于混浊，应用0.2 μm滤膜过滤后再进行测定。

（2）蔬菜和水果中41种有机氯和拟除虫菊酯类农药多残留的测定。从具塞量筒中吸取10.00 mL乙腈溶液，放入150 mL烧杯中，将烧杯放在80 ℃水浴锅上加热，杯内缓缓通入氮气或空气流，蒸发近干，加入2.0 mL正己烷，盖上铝箔，待净化。

将弗罗里砂柱依次用5.0 mL丙酮+正己烷（10+90）、5.0 mL正己烷预淋洗，当溶剂液面到达柱吸附层表面时，立即倒入上述待净化溶液，用15 mL刻度试管接收洗脱液，用5 mL丙酮+正己烷（10+90）冲洗烧杯后淋洗弗罗里砂柱，并重复一次。将盛有淋洗液的试管置于氮吹仪上，在水浴温度50 ℃条件下，氮吹蒸发至少于5 mL，用正己烷定容至5.0 mL，在旋涡混合器上混匀，用0.2 μm滤膜过滤后再装入样品瓶中进行测定。

（四）仪器分析及结果计算

1.色谱参考条件

（1）有机磷类农药。

①预柱：1.0 m × 0.53 mm，脱活石英毛细管柱。

②色谱柱：

a.A柱：DB-17，石英毛细管柱，30 m × 0.53 mm × 1.0 μm或相当者。

b.B柱：DB-1或HP-1柱，30 m × 0.53 mm × 1.50 μm或相当者。

③进样口温度：220 ℃。

④检测器温度：250 ℃。

⑤柱温：150 ℃（保持2 min），再以8 ℃/min升至250 ℃（保持12 min）。

⑥气体及流速：载气为氮气，纯度≥99.999%，流速为10 mL/min；燃气为氢气，纯度≥99.999%，流速为75 mL/min；助燃气为空气，流速为100 mL/min。

⑦进样方式：不分流进样。

⑧进样体积：1 μL。

（2）有机氯、拟除虫菊酯类农药。

①预柱：1.0 m × 0.25 mm，脱活石英毛细管柱。

②色谱柱：

a.A柱：DB-1，石英毛细管柱，30 m × 0.25 mm × 0.25 μm或相当者。

b.B柱： DB-17或HP-50柱，30 m × 0.25 mm × 0.25 μm或相当者。

③进样口温度：200 ℃。

④检测器温度：320 ℃。

⑤柱温：150 ℃（保持2 min），再以6 ℃/min升至270 ℃（保持8 min），测定溴氰菊酯（保持23 min）。

⑥气体及流速：载气为氮气，纯度≥99.999%，流速为1 mL/min；辅助气为氮气，纯度≥99.999%，流速为60 mL/min。

⑦进样方式：分流进样，分流比10：1（也可以不分流）。

⑧进样体积：1 μL。

2.色谱分析

将标准混合工作溶液和试样溶液分别放到仪器中，以保留时间定性，以样品溶液峰面积和标剂溶液峰面积来定量，分别使用气相色谱仪带火焰光度检测器（FPD）测定有机磷类农药，气相色谱仪带电子捕获检测器（ECD）测定有机氯和拟除虫菊酯类农药。

3.结果计算

试样中被测农药残留量以质量分数ω计，单位以毫克每千克（mg/kg）表示，按下式计算：

$$\omega=\frac{V_1\times A\times V_3}{V_2\times A_s\times m}\times\rho$$

式中：

ρ——标准溶液中农药的质量浓度，mg/L；

A——样品溶液中被测农药的峰面积；

A_s——农药标准溶液中被测农药的峰面积；

V_1——提取溶剂总体积，mL；

V_2——吸取出用于检测的提取溶液的体积，mL；

V_3——样品溶液定容体积，mL；

m——试样的质量，g。

4.有效数字表示

计算结果保留两位有效数字，当结果>1 mg/kg时，保留三位有效数字。

5.精密度计算

该方法精密度数据是按照GB/T 6379.2规定确定，获得重复性和再现性的值以95%的可信度来计算，本方法的精密度数据参看NY/T 761附录A。

四、气相色谱法——植物源性食品中90种有机磷类农药及其代谢物残留量的测定（GB 23200.116）

（一）测定原理

试样用乙腈提取，提取液经固相萃取或分散固相萃取净化，使用带火焰光度检测器的气相色谱仪检测，根据双柱色谱峰的保留时间定性，外标法定量。

（二）标准溶液配制

标准溶液配制参照气相色谱法，混合标准溶液的分组参照GB 23200.116附录A，混合溶液避光0~4 ℃保存，有效期一个月。

（三）分析步骤

（1）称取20 g（精确到0.01 g）试样于150 mL烧杯中，加入40 mL乙腈，用高速匀浆机15 000 r/min匀浆2 min，将提取液过滤至装有5~7 g氯化钠的100 mL具塞量筒中，盖上塞子，剧烈震荡1 min，在室温下静置30 min。

（2）准确吸取10 mL上清液于100 mL烧杯中，80 ℃水浴中氮吹蒸发近干，加入2 mL丙酮溶解残余物，盖上铝箔，备用。

（3）将上述备用液完全转移至15 mL刻度离心管中，再用约3 mL丙酮分3次冲洗烧杯，并转移至离心管，最后定容至5.0 mL，旋涡0.5 min，用0.2 μm微孔膜过滤，待测。

（四）仪器分析及结果计算

1.色谱参考条件

（1）色谱柱：

①A柱：50%聚苯基甲基硅氧烷石英毛细管柱，30 m×0.53 mm×1.0 μm或相当者。

②B柱：100%聚苯基甲基硅氧烷石英毛细管柱，30 m×0.53 mm×1.5 μm或相当者。

（2）进样口温度：250 ℃。

（3）检测器温度：300 ℃。

（4）柱温：150 ℃（保持2 min），再以8 ℃/min升至210 ℃，再以5 ℃/min升温至250 ℃，保持15 min。

（5）气体及流速：载气为氮气，纯度≥99.999%，流速为8.4 mL/min；燃气为氢气，纯度≥99.999%，流速为80 mL/min；助燃气为空气，流速为

110 mL/min。

（6）进样方式：不分流进样。

（7）进样体积：1 μL。

2.色谱分析

（1）将混合标准中间液用丙酮稀释成质量浓度为0.005 mg/L、0.01 mg/L、0.05 mg/L、0.1 mg/L、1 mg/L的系列标准溶液，参考色谱条件测定。以农药质量浓度为横坐标、色谱的峰面积为纵坐标，绘制标准曲线。

（2）将标准混合工作溶液和试样溶液分别放到仪器中，以保留时间定性，以样品溶液峰面积和标准溶液峰面积来定量。被测试样中目标农药双柱上色谱峰的保留时间与相应标准色谱峰的保留时间相比较，相差值应在±0.05 min之内。待测样中农药的响应值应在仪器测量的定量测定线性范围之内，当超过线性范围时，应根据测定浓度进行适当倍数稀释后再进行分析。

3.结果计算

试样中被测农药残留量以质量分数ω计，单位以毫克每千克（mg/kg）表示，按下式计算：

$$\omega = \frac{V_1 \times A \times V_3}{V_2 \times A_s \times m} \times \rho$$

式中：

ρ——标准溶液中农药的质量浓度，mg/L；

A——样品溶液中被测农药的峰面积；

A_s——农药标准溶液中被测农药的峰面积；

V_1——提取溶剂总体积，mL；

V_2——吸取出用于检测的提取溶液的体积，mL；

V_3——样品溶液定容体积，mL；

m——试样的质量，g。

4.有效数字表示

计算结果保留两位有效数字，当结果＞1 mg/kg时，保留三位有效数字。

5.精密度计算

在重复性条件下，获得的两次独立测试结果的绝对差值不得超过重复性限（*r*）；在再现性条件下，获得的两次独立测试结果的绝对差值不得超过再现性限（*R*），参照GB 23200.116附录B。

6.其他

各农药组分定量限参照GB 23200.116附录C；平行试验均按试验步骤对同一试样进行平行试验测定；空白试验除不加试样外按分析步骤进行平行操作。

（五）GB 23200.116标准方法技术创新

1.标准适用范围

将NY/T 761标准方法的适用范围由蔬菜、水果扩大至植物源性食品，在标准制定过程中，针对9大类21种基质进行了方法开发，在标准验证过程中针对8大类11种基质进行了方法验证。目前常用的有机磷类农药残留的50个检测方法标准都是仅针对某类或几类基质，如GB/T 5009.109等。

2.农药种类

在NY/T 761方法基础上，结合当前农药使用情况和质量安全现状，以及国家在农产品质量安全监管方面的发展趋势，新增加甲拌磷亚砜、甲拌磷砜、苯线磷亚砜、苯线磷砜等代谢物，将农药品种扩展至90种农药及其代谢物。

3.前处理方法

在NY/T 761方法水果蔬菜溶剂转换的基础上，借鉴现有的国标方法，针对复杂基质扩展了NH_2-Carb填料SPE柱方法，以及QuEChERS前处理方法，极大地提高了标准的适用性。

五、液相色谱法——蔬菜和水果中10种氨基甲酸酯类农药及其代谢物多残留的测定（NY/T 761）

（一）测定原理

试样中氨基甲酸酯类农药及其代谢物用乙腈提取，提取液经过滤、浓缩后，采用固相萃取技术分离、净化，淋洗液经浓缩后，使用带荧光检测器和柱后衍生系统的高效液相色谱进行检测。保留时间定性，外标法定量。

（二）标准溶液配制

内容同气相色谱法。

（三）分析步骤

称样、提取、过滤、震荡、静置步骤同气相色谱法。

浓缩及净化：从具塞量筒中吸取10.00 mL乙腈溶液，放入150 mL烧杯中，将烧杯放在80 ℃水浴锅上加热，杯内缓缓通入氮气或空气流，蒸发近干，加入2.0 mL甲醇+二氯甲烷（1+99）溶解残渣，盖上铝箔，待净化。

将氨基柱用4.0 mL甲醇+二氯甲烷（1+99）预洗条件化，当溶剂液面到达柱吸附层表面时，立即倒入上述待净化溶液，用15 mL刻度试管收集洗脱液，用2 mL甲醇+二氯甲烷（1+99）洗烧杯后过柱，并重复一次。将试管置于氮吹仪上，水浴温度50 ℃，氮吹蒸发至近干，用甲醇准确定容至2.5 mL。在旋涡混合器上混匀后，用0.2 μm滤膜过滤，待测。

释义及注意事项：

1.氮吹管离液面应有2 cm左右的距离，要控制氮气的流量，以液面微微抖动为宜。水浴温度不能太高，溶剂不能蒸发过干，否则低沸点的农药组分回收率会降低。

2.固相萃取柱要按要求活化，且活化顺序要按标准要求进行；过柱时不能断流，柱吸附层不能干涸。

3.润洗烧杯次数不能少于3次，使样品充分溶解且被转移。

4.对于颜色比较重的样品尽量在上机前用滤膜过滤。

（四）仪器分析及结果计算

1.色谱柱

（1）预柱：C_{18}预柱，4.5 cm × 4.6 cm。

（2）分析柱：C_8或C_{18}柱，25 cm × 4.6 mm × 5 μm。

（3）柱温：42 ℃。

（4）荧光检测器：λ_{ex}=330 nm，λ_{em}=465 nm。

（5）进样体积：20 μL。

（6）柱后衍生：0.05 mol/L氢氧化钠溶液，流速0.3 mL/min；OPA试剂，流速0.3 mL/min。

（7）反应器温度：水解温度，100 ℃；衍生温度，室温。

2.色谱分析

将标准混合工作溶液和试样溶液分别放到仪器中，以保留时间定性，以样品溶液峰面积和标准溶液峰面积来定量，使用液相色谱仪带柱后衍生系统测定氨基甲酸酯类农药，同时做空白试验。

3.结果计算

试样中被测农药残留量以质量分数ω计，单位以毫克每千克（mg/kg）表示，按下式计算：

$$\omega=\frac{V_1\times A\times V_3}{V_2\times A_S\times m}\times\rho$$

式中：

ρ——标准溶液中农药的质量浓度，mg/L；

A——样品溶液中被测农药的峰面积；

A_s——农药标准溶液中被测农药的峰面积；

V_1——提取溶剂总体积，mL；

V_2——吸取出用于检测的提取溶液的体积，mL；

V_3——样品溶液定容体积，mL；

m——试样的质量，g。

4.有效数字表示

计算结果保留两位有效数字，当结果>1 mg/kg时，保留三位有效数字。

5.精密度计算

该方法精密度数据是按照GB/T 6379.2规定确定，获得重复性和再现性的值以95%的可信度来计算，本方法的精密度数据参看NY/T 761附录A。

释义及注意事项：

1.质量控制。用空白样品定量添加标准溶液，添加浓度参考定量限或限量，计算回收率。每批样品数量低于20个，做一个质控，高于20个，每20个样品做一个质控；添加的农药标准溶液总体积一般不超过500 μL，农药添加后，应充分混合，放置30 min后再进行提取操作。

2.空白加标回收。在没有被测物质的空白样品基质中加入定量的标准物质，按样品的处理步骤分析，得到的结果与理论值的比值即为空白加标回收率。

3.样品加标回收。相同的样品取三份，其中两份加入定量的待测成分标准物质；三份同时按相同的分析步骤分析，加标的两份所得的结果平均值减去未加标一份所得的结果，其差值与同加入标准物质的理论值之比即为样品加标回收率。

4.加标回收的计算。加标回收率＝（加标试样测定值—试样测定值）÷加标量×100%。

5.加标量不能过大，一般为待测物含量的0.5~2.0倍，且加标后的总含量不应超过方法的测定上限；可通过增加加标物的浓度来控制加标物的体积，一般加标物的体积以不超过原始试样体积的1%为好。

6.农药残留检测对超标或接近限量值的样品，应重新称样进行测定，并使用极性不同的柱子或不同检测器进行确认。经复测后仍超标的样品，用质谱进行进一步确证。

7.标准溶液应在规定的存放日期内使用，每次使用时应与前一次的图谱进行比较，检查峰面积是否有较大的变化来判断标准溶液是否有效。

六、液相色谱法——植物源性食品中9种氨基甲酸酯类农药及其代谢物残留量的测定（GB 23200.112）

（一）测定原理

试样用乙腈提取，提取液经固相萃取或分散固相萃取净化，使用带荧光检测器和柱后衍生系统的高效液相色谱仪检测，外标法定量。

（二）标准溶液配制

标准溶液配制参照气相色谱法，混合溶液避光0~4 ℃保存，有效期一个月。

（三）分析步骤

（1）称取20 g（精确到0.01 g）试样于150 mL烧杯中，加入40 mL乙腈，用高速匀浆机15 000 r/min匀浆2 min，提取液过滤至装有5~7 g氯化钠的100 mL具塞量筒中，盖上塞子，剧烈震荡1 min，在室温下静置30 min。

（2）准确吸取10 mL上清液于100 mL烧杯中，80 ℃水浴中氮吹蒸发近干，加入2 mL甲醇溶解残余物，待净化。

（3）将氨基填料固相萃取柱用4.0 mL甲醇+二氯甲烷（1+99）预洗条件化，当溶剂液面到达柱吸附层表面时，立即倒入上述待净化溶液，用15 mL刻度试管收集洗脱液，用2 mL甲醇+二氯甲烷（1+99）洗烧杯后过柱，并重复一次。将试管置于氮吹仪上，水浴温度50 ℃，氮吹蒸发至近干，用甲醇准确定容至2.5 mL。在旋涡混合器上混匀后，用0.2 μm滤膜过滤，待测。

（四）仪器分析及结果计算

1.色谱参考条件

（1）色谱柱：C_8柱，25 cm × 4.6 mm × 5 μm。

（2）柱温：42 ℃。

（3）荧光检测器：λ_{ex}=330 nm，λ_{em}=465 nm。

（4）进样体积：10 μL。

（5）柱后衍生：0.05 mol/L氢氧化钠溶液，流速0.3 mL/min；OPA试剂，流速0.3 mL/min。

（6）反应器温度：水解温度，100 ℃；衍生温度，室温。

2.色谱分析

（1）精确吸取一定量的混合标准溶液，用甲醇逐级稀释成质量浓度分别为0.01 mg/L、0.05 mg/L、0.1 mg/L、0.5 mg/L、1 mg/L的系列标准工作溶液，供液相色谱条件测定。以农药质量浓度为横坐标、色谱的峰面积为纵坐标，绘制标准曲线。

（2）将标准混合工作溶液和试样溶液分别放到仪器中，以保留时间定性，以样品溶液峰面积和标准溶液峰面积来定量。被测试样中目标农药色谱峰的保留时间与相应标准色谱峰的保留时间相比较，相差值应在 ± 0.05 min之内。阳性试样需更换C_{18}柱进行定性确认。待测样中农药的响应值应在仪器测量的定量测定线性范围之内，当超过线性范围时，应根据测定浓度进行适当倍数稀释后再进行分析。

3.结果计算

试样中被测农药残留量以质量分数ω计，单位以毫克每千克（mg/kg）表示，按下式计算：

$$\omega = \frac{V_1 \times A \times V_3}{V_2 \times A_s \times m} \times \rho$$

式中：

ρ——标准溶液中农药的质量浓度，mg/L；

A——样品溶液中被测农药的峰面积；

A_s——农药标准溶液中被测农药的峰面积；

V_1——提取溶剂总体积，mL；

V_2——吸取出用于检测的提取溶液的体积，mL；

V_3——样品溶液定容体积，mL；

m——试样的质量，g。

4.有效数字表示

计算结果保留两位有效数字，当结果＞1 mg/kg时，保留三位有效数字。

5.精密度计算

在重复性条件下，获得的两次独立测试结果的绝对差值不得超过重复性限（r）；在再现性条件下，获得的两次独立测试结果的绝对差值不得超过再现性限（R），参照GB 23200.112附录B。

6.其他

该标准定量限为0.01 mg/kg；平行试验均按试验步骤对同一试样进行平行试验测定；空白试验除不加试样外按分析步骤进行平行操作。

（五）GB 23200.112标准方法技术创新

1.标准适用范围

将NY/T 761方法适用范围由蔬菜、水果扩大至植物源性食品中，在标准制定过程中，针对9大类21种基质进行了方法开发，在标准验证过程中针对8大类11种基质进行了方法验证。目前常用的氨基甲酸酯类农药残留的检测方法标准都是仅针对某类基质，如GB/T 20769等。

2.农药种类

在NY/T 761方法基础上，结合当前农药使用情况和质量安全现状，以及国家在农产品质量安全监管方面的发展趋势，新增残杀威和混灭威两种农药，可测定9种农药。

3.前处理方法

在NY/T 761方法使用氨基填料SPE柱基础上，借鉴现有国标方法，针对复杂基质扩展了NH_2-Carb填料SPE柱方法，以及QuEChERS前处理方法，极大地提高了标准的适用性。

七、液相色谱法——蔬菜水果中吡虫啉、啶虫脒、多菌灵等农药残留量的测定

（一）测定原理

试样用乙腈提取，提取液经固相萃取或分散固相萃取净化，使用二极管阵列或紫外检测器的高效液相色谱仪检测，外标法定量。

（二）分析步骤

用高效液相色谱法检测蔬菜水果中的吡虫啉、啶虫脒、多菌灵、除虫脲、灭幼脲、辛硫磷、阿维菌素一般需要六个步骤：

（1）称取20 g（精确到0.01 g）试样于150 mL烧杯中，加入40 mL乙腈，用高速匀浆机15 000 r/min匀浆2 min，提取液过滤至装有5~7 g氯化钠的100 mL具塞量筒中，盖上塞子，剧烈震荡1 min，在室温下静置30 min。

（2）准确吸取10 mL上清液于100 mL烧杯中，60 ℃水浴中氮吹蒸发近

干，加入2 mL甲醇+二氯甲烷（5+95）溶解残余物，待净化。

（3）将氨基填料固相萃取柱用4.0 mL甲醇+二氯甲烷（5+95）预洗条件化，当溶剂液面到达柱吸附层表面时，立即倒入上述待净化溶液，用15 mL刻度试管收集洗脱液，用2 mL甲醇+二氯甲烷（5+95）洗烧杯后过柱，并重复一次。将试管置于氮吹仪上，水浴温度50 ℃，氮吹蒸发至近干。

（4）加入1.5 mL甲醇，在旋涡混合仪上混匀，再加入1 mL水，涡旋混匀，使用0.2 μm的微孔滤膜过滤后，移入2 mL进样瓶中，待测。

（三）仪器分析及结果计算

1.色谱参考条件

（1）色谱柱。

①预柱：C_{18}预柱，4.5 cm × 4.6 cm。

②分析柱：C_8或C_{18}柱，25 cm × 4.6 mm × 5 μm，20RBAX Eclipse plus C_{18}色谱柱，（Narrow Bore RR 2.1 × 150 mm，3.5-Micron）。

③柱温：40 ℃。

（2）二极管阵列或紫外检测器。扫描波长是根据不同农药组分的出峰位置决定的。如：吡虫啉、啶虫脒为247 nm，多菌灵为286 nm，除虫脲、灭幼脲为257 nm，辛硫磷为283 nm，阿维菌素为248 nm。

（3）流速和进样体积。

①流速：0.8 mL/min。

②进样体积：20 μL。

2.农药标准溶液的配制

先将待测农药分组，根据各农药在仪器上的响应值，逐一准确吸取一定体积的同组别的农药储备液，分别注入同一容器瓶中，用相应溶剂稀释至刻度，采用同样的方法，配制成各组农药，混合标准储备液，使用前，用相应溶剂稀释成所需质量浓度的标准工作溶液。

3.色谱分析

将标准混合工作溶液和试样溶液分别放到仪器中，以保留时间定性，以样品溶液峰面积和标准溶液峰面积来定量，用液相色谱仪紫外检测器测定吡虫啉等7种农药，同时做空白试验。

4.结果计算

试样中被测农药残留量以质量分数ω计，数值以毫克每千克（mg/kg）表示，按下式计算：

$$\omega=\frac{V_1\times A\times V_3}{V_2\times A_s\times m}\times\rho$$

式中：

ρ——标准溶液中农药的质量浓度，mg/L；

A——样品溶液中被测农药的峰面积；

A_s——农药标准溶液中被测农药的峰面积；

V_1——提取溶剂总体积，mL；

V_2——吸取出用于检测的提取溶液的体积，mL；

V_3——样品溶液定容体积，mL；

m——试样的质量，g。

5.有效数字表示

计算结果保留两位有效数字，当结果>1 mg/kg时，保留三位有效数字。

6.其他

仪器的工作站软件处理所得到的图谱，根据保留时间定性，用峰面积来计算相应的含量。最后工作站给出具体的分析结果报告。

八、农残检测的技术关键点

1.用NY/T 761液相色谱法和气相色谱法检测蔬菜水果中的农残

用NY/T 761液相色谱法和气相色谱法检测蔬菜水果中的有机磷、有机氯、拟除虫菊酯和氨基甲酸酯类农药已成为农产品中农药多残留检测应用最广的标准，是农业农村部例行监测和全国检测技能竞赛的指定方法。该方法样品的试样制备、提取步骤是一样的，浓缩和净化根据检测参数种类不同采用不同方法。在提取完成后，分别各取3个10 mL提取液测定各类农药。有机磷类农药测定时不需要净化；有机氯、拟除虫菊酯类农药测定前用弗罗里矽柱进行净化；氨基甲酸酯类农药测定前用氨基柱进行净化。

2.在农残检测中，同时测定母体及其代谢产物

在农残检测中，测定克百威时，同时测定三羟基克百威；测定涕灭威时，同时测定基砜和亚砜；测定甲拌磷时，同时测定基砜和亚砜；测定多菌灵时，同时测定苯菌灵和甲基硫菌灵；测定氟虫腈时，同时测定氟虫腈、氟虫腈硫醚、氟虫腈砜。

3.丁硫克百威转化为克百威的问题

目前克百威成为造成蔬菜农药残留超标的一个最主要问题，但在实际检测中，如果蔬菜施用了丁硫克百威，样品前处理时，丁硫克百威就会部分转化为克百威，造成样品超标。

不同蔬菜丁硫克百威转化成克百威的情况不同，番茄打成匀浆后，样品呈酸性，丁硫克百威会很快降解，生成部分克百威；萝卜打成匀浆后，由于酶的作用，丁硫克百威会很快降解，生成部分克百威；豆类蔬菜基本没有转化的情况。

4.过滤

漏斗不要直接架到接收容器上，要使用漏斗架，加入溶剂造成头重脚轻容易洒，漏斗压到接收器上容易造成内外气压不平衡，过滤慢。

5.浓缩

使用氮吹浓缩时，加热温度不宜过高，一般控制在80 ℃以下。氮气流量不能过大，不能将样品吹干，在近干状态下取离水浴锅，自然晾干，若一定要干涸时，则操作必须细心，可以用橡皮球慢慢吹入干燥空气。

若是易氧化的样品，还必须使用氮气，否则会导致某些农药回收率偏低。

6.净化

使用有机溶剂提取样本中的农药时，样本中的油脂、蜡质、蛋白质、叶绿素及其他色素、胺类、酚类、有机酸类、糖类等会同农药一起被提取出来，提取液中既有农药又有许多干扰物质，这些物质称为共提物，会严重干扰残留量的测定。故必须将农药与上述杂质进行分离，然后才能对痕迹量农药进行分析测定。这一操作步骤称为净化。

农残分析中常用的净化方法有：液–液分配法；柱层析法；固相萃取法；吹扫蒸馏法；凝结剂沉淀法；薄层色谱法。

净化的要求与方法在很大程度上取决于农药和样本的性质、最终检测方

法、对分析时间和对分析结果准确度的要求。

如采用专一性强的火焰光度检测器测定有机磷或有机硫农药时，不需要复杂的净化步骤。使用抗干扰能力差的电子捕获器测定有机氯或菊酯类农药和使用氮磷检测器时，净化要求必须严格，否则杂质会影响测定结果，还可能污染检测器。

（1）固相萃取法。主要用于样品分析前的净化或浓缩富集，是目前使用最广泛的一种净化方法。特点是可批量进行、节省时间、减少溶剂使用和废物产生、多种键合固定相选择性、可富集痕量农药、可消除乳化现象、易于自动化、回收率高、重现性好。固相萃取有以下五个步骤：

①柱子预处理（固定相活化）。活化的目的是创造一个与样品溶剂相容的环境并去除柱内所有杂质。

通常需要两种溶剂来完成上述任务，第一个溶剂（初溶剂）用于净化固定相，另一个溶剂（终溶剂）用于建立一个合适的固定相环境，使样品分析物得到适当的保留。

释义及注意事项：

在活化的过程中和结束时，固定相都不能抽干，固定相干涸可导致填料床出现裂缝，从而得到低的回收率和重现性，样品也没得到应有的净化。

如果在活化步骤中出现干裂，所有活化步骤都得重复。

②样品过柱。样品过柱步骤指样品加入固相萃取柱并迫使样品溶剂通过固定相的过程，这时分析物和一批样品干扰物保留在固定相上。

为了保留分析物，溶解样品的溶剂必须较弱。如果溶剂太强，分析物将不被保留，结果回收率将会很低，这一现象叫穿露。尽可能使用最弱的样品溶剂，可以使溶质得到最强的保留或者说最窄的谱带。

③固相萃取柱洗涤。分析物得到保留后，通常需要淋洗固定相以洗掉不需要的样品组分，淋洗溶剂的洗脱强度是略强于或等于上样溶剂。淋洗溶剂必须尽量弱，以洗去尽量多的干扰组分，但不能强到可以洗脱任何一个分析物的程度。

释义及注意事项：

淋洗时不宜使用太强的溶剂，否则会将其保留杂质洗下来。使用太弱的试剂，会使淋洗体积加大。可改为强、弱溶剂混用，但混用或前后使用的溶剂必须互溶。

④固相萃取柱干燥。柱子干燥的目的是除去残留的水分及水溶性干扰物。对于GC和GC-MS，样品中过多的水分会对分析柱造成致命的损害。同时，对于洗脱液需要进行溶剂置换或浓缩至近干，过多的水分不利于浓缩。

释义及注意事项：

一般在真空或加压的条件下，3~5 min的干燥时间足够。过分干燥会造成目标化合物的流失。

如果最后的洗脱剂为缓冲溶液或水溶性有机溶剂，而且分析手段为反相HPLC，SPE柱上的水分对目标化合物的洗脱影响不大，此时可省略柱子干燥这个步骤。

⑤洗脱淋洗过后，将分析物从固定相上洗脱。

释义及注意事项：

洗脱剂选择的原则：

1.洗脱剂对目标化合物必须有足够的洗脱强度，以便以尽可能小的体积将目标化合物洗脱下来。这样洗脱组分中目标化合物的浓度高，无须浓缩或进行简单浓缩就可以进行下一步分析。

2.洗脱剂必须有足够的选择性，将目标化合物洗脱下来，而把保留性强的杂质留在柱子上。如果样品基质复杂，为了选择性地洗脱目标化合物，洗脱剂的强度应尽可能低。

3.洗脱剂应尽可能与分析检测仪器相适应，以便方便下一步的分析。

（2）固相萃取柱净化应用。

①一般菜样：如白菜、甘蓝、黄瓜、萝卜等，可根据需要选用C_{18}柱、Florisil柱、NH_2柱等净化。

②深色样品：如菠菜、菜心、青椒和胡萝卜，含色素多，可用石墨碳黑柱去除色素。

释义及注意事项：

1.目前QuEChERS方法在农兽药残留处理上被广泛应用，与之配套的净化方法是分散固相萃取（dispersive-SPE），其净化材料和作用分别是：硫酸镁去除水分的作用；PSA去除极性的有机酸，一些糖类和脂类；C_{18}去除脂类和固醇，类胡萝卜素等；GCB（生态黑）去除色素，如叶绿素（对平面结构药物会有吸附）。

注：GCB是层状结构，农药的层状结构苯环就卡到层状结构里，可加甲苯，因为甲苯为平面结构，可将样品先盖住就不会被GCB吸附。

2.新颁布的农药残留检测方法标准，GB 23200.107使用的都是应用分散固相萃取进行样品的净化。

3.随着净化技术的改进，许多公司推出了更简便的净化手段。只需要将提取液加到注射器中，推动活塞，一次就可完成净化工作，极大地提高了工作效率。

九、农残技术大比武注意事项

（一）农药残留快速检测

（1）安全防护。应戴口罩、手套，穿白大褂。

（2）关于作业指导书和检查器具的完整性。实验前应通读作业指导书，知悉实验器具，确定实验室现有器具能否满足方法需要。

（3）溶剂配置。比赛所用的酶液、显色剂和底物都需要自己配制。

（4）器具清洗。器具不能直接用纸擦拭，正确操作为用纯净水冲洗多次。

（5）取样、称样。根据作业指导书操作，按要求“用剪刀剪成1 cm大小”，取足够量的样品，称样前混匀样品，尽量一次分取到位。

（6）原始记录。应及时做好原始记录，如实记录天平上的显示数据，注意样品编号，规范填写。

（7）移液枪。一是润洗枪头，确保其平行性；二是规范放置移液器，不要使枪头内液体倒流污染移液器；三是使用完后应回置移液器，长期不回置，会影响移液器的准确性。

（8）结果判定。速测判定样品结果是阳性或阴性即可。

（9）其他。注意比赛过程中样品编号的统一性和延续性。及时清理台面，避免交叉污染，比赛完后清洗用过的器具，养成良好的实验习惯，详见表8-1。

表8-1 快速检测前处理现场评分表

考号： 考生： 所属区县：

<table>
<tr><td>序号</td><td>检测过程</td><td>现场操作评分标准</td><td colspan="4">得分</td></tr>
<tr><td rowspan="7">1</td><td rowspan="7">现场操作</td><td>安全防护基本知识</td><td>手套</td><td colspan="2">口罩</td><td>大褂</td></tr>
<tr><td>器具的完整性检查</td><td colspan="2">检查</td><td colspan="2">完整性</td></tr>
<tr><td>样品称量的天平使用</td><td>清零</td><td colspan="2">用后关机</td><td>时间</td></tr>
<tr><td>样品称量操作规范</td><td>清洗镊子</td><td>混匀</td><td>准确</td><td>及时记录</td></tr>
<tr><td>移液枪使用</td><td>润洗</td><td colspan="2">手势</td><td>回置</td></tr>
<tr><td>实验过程</td><td colspan="4">安排合理，科学紧凑，时效性强</td></tr>
<tr><td>实验操作良好习惯</td><td>唯一性</td><td colspan="2">及时清洁台面</td><td>器具清洁</td></tr>
<tr><td rowspan="3">2</td><td rowspan="3">结果计算</td><td>原始记录及结果判定</td><td colspan="4"></td></tr>
<tr><td rowspan="2">重复性评价</td><td>RSD≤2%</td><td colspan="2">2%<RSD≤10%</td><td>RSD>10%</td></tr>
<tr><td></td><td colspan="2"></td><td></td></tr>
</table>

评分人： 复核人： 监督人：

（二）烟碱类定量分析

（1）进入实验室，先要做好基本的防护工作，手套、口罩、大褂都应齐全。

（2）检查自己实验台前的器具是否完好，浏览实验操作步骤后，确认器具是否齐全，并且观察温湿度计。

（3）称样。称样过程主要涉及天平的使用，正确的操作步骤是：检查天平是否接通电源，观察天平是否调平，在烧杯上编号—清洁称样勺—混匀样品—把烧杯放在垫有滤纸的天平上，归零天平，称样—填写称样记录—称完样品后收拾干净，归零天平。

容易出现的问题：

①未观察天平是否调平，直接称样，天平未预热。

②称样准确性有问题，且为了一个相对准确值，反复添加样品，导致称样时间过长。

③未清洗称样勺，直接取样。

④未混匀样品，有回置样品的现象。

（4）加标。比赛重点考核加标，操作说明上已经注明添加浓度。正确的标准添加量计算公式为：标准品添加浓度 × 称样量（注意单位），标准添加体积计算公式为：标准品添加浓度 × 称样量 / 标品浓度（注意单位）。

加标主要用到移液管，移液管的操作为考核重点。首先根据计算的标准添加体积选择合适的移液管，注意移液管的量程，以及是否带“吹”字。然后吸入一定量的标液，放至满刻度或所需要的刻度，再加入样品中，加入时倾斜烧杯，使标液顺着内壁流下。带“吹”的移液管要吹去移液管内残留的标液，不带吹的移液管在烧杯上方悬置3 s，让移液管顶端的最后一滴滴下。容易出现的问题：

①出现手拿移液管下部现象，造成污染。

②未经润洗就直接量取。

③不会计算加标量，不会单位换算怎样加标。

④未用滤纸清除外壁附着液。

⑤观察不仔细，没有吹去最后一滴。

（5）匀浆提取。加标完后，一般要静置30 min，再加入乙腈，均质2 min左右。

匀浆机的操作规范：清洁刀头—均质样品—清洗刀头（每个样品重复操作一遍），避免交叉污染。出现的问题主要表现在：

①加标完后未静置。

②没有清洗匀浆机，清洗不充分，造成空白污染。

（6）过滤、静置。均质完后，滤液搜集到装有5~7 g氯化钠的具塞量筒中，收集完后，剧烈震荡1 min，静置30 min。

这一操作过程主要考核天平的使用，滤纸的折叠，撕角、润湿，震荡完后是否放气。出现的问题有：

①称量纸未进行折叠。

②未撕角和润湿。

③震荡完后未放气。

（7）水浴及上机样的完成。静置结束后，吸取5 mL于烧杯中进行水浴，水浴近干后，加入2 mL淋洗液，盖上铝箔备用。活化柱子，转移液体于活化好的柱子中，用约2 mL淋洗液两次冲洗烧杯，转移至试管中，氮吹近干后加入1.5 mL甲醇，混匀后，再加入1 mL纯水，再次混匀后，过滤入样品瓶。

这一过程主要涉及移液枪使用、观察水浴情况、润洗烧杯、活化柱子、氮吹、定容、上机。出现的问题有：

①吸取提取液时，移液枪操作不规范，倾斜。

②水浴过干。

③对于是否选择铝箔覆盖，要看柱子是否活化好，如果已活化好，可以直接进行下一步操作。注意吸附层不能干，第一次润洗加样后，要等液面到达吸附层再加入第二次润洗液，不能直接加入。有的不会润洗，且润洗次数过少。

④氮吹完后没有擦洗氮吹仪的针，氮吹前也没有擦洗且操作不规范，氮吹过干。

⑤溶解残渣时溶剂加入顺序错误，先加水再加甲醇，这样会影响回收率。

⑥原始记录填写主要出现的问题是有效数字的保留。原始记录表见表8-2。填写的失分点在：

a.湿度填写，应填写整数。

b.移液管和比色管的体积，应保留至小数点后两位，例如提取10.00 mL，定容5.00 mL。

⑦结果计算主要从三个方面打分：重复性评价，加标回收率符合要求、浓度、回收率计算过程等。主要失分点为：

a.不会计算回收率、RSD值。

b.不能正确取舍添加值。例如：当三个添加值中，有一个添加值出现异常与其他两个偏差较大，且找到原因时，可舍弃一个值，只计算两个值的相对偏差和回收率等。回收率$=\dfrac{\text{实测值}}{\text{添加值}}\times 100\%$ 。

c.计算时未带入称量值。

表8-2　高效液相色谱法测定原始记录表

第　页共　页

样品编号		样品名称		检测依据	
检测日期		检测地点		环境温度/ ℃	
相对湿度/%		仪器编号		天平编号	
称样质量 m（g）	CK=	m_1=	m_2=	m_3=	
提取体积 V_1/mL		分取体积 V_2/mL		定容体积 V/mL	
标准品浓度/（μg/mL）		标准品添加量/μg		标准品添加体积/μL	
标准品添加量、添加体积计算过程：					
前处理步骤：					

样品	CK	1	2	3
样液浓度 c/（μg/mL）				
测定值 X/（mg/kg）				
平均值/（mg/kg）		平均回收率/%		（计算正确即给分）
相对标准偏差/%	（计算正确即给分）			
计算公式	$X=\dfrac{c\cdot V_1\cdot V\cdot 1\,000}{V_2\cdot m\cdot 1\,000}$	备注：本方法检出限×××0.01 mg/kg。		

区县：　　　　考号：　　　　检测人：　　　　年　　月　　日

续表

第　页共　页

样品测定值X、平均值$\overline{X}$计算过程：
平均回收率计算过程：

区县：　　　　考号：　　　　检测人：　　　　年　　月　　日

（三）有机磷类农药

1.称样

称样主要存在的问题是：样品称量前没有充分混匀；称量勺使用前未清洗；称量不准确。标准要求称量25.0 g，称量可以 ± 0.05 g。

2.加标

如果比赛提供的标准品母液浓度为10.00 mg/L，要求添加的浓度为0.08 mg/kg，通过正确计算，需要添加0.2 mL标准品。

提供的移液管为0.5 mL，管身标记有刻度。正确的操作应该是将润洗后的移液管吸至满量程0.5 mL，用滤纸擦除外壁附着液，液面下缘放至0.3 mL，再将剩余标品丢弃，再添加下一个样品。有的在润洗的时候将移液管倒立，从上口倒出液体，这种操作是绝对禁止的。

添加标准品后，样品应静置一段时间，让基质充分吸收标品，静置期间应盖上铝箔，防止挥发和污染。静置过后再加入乙腈提取。

3.提取和净化过程

用量筒加入乙腈前，必须进行润洗，保证量取溶液的准确性。

4.配置基质标品

在气相色谱检测农药残留时，往往有很强的基质效应，对检测结果带来很大的影响，所以一般在上机时用空白基质配置的标准品代替溶剂配标，以消除基质效应带来的误差。通常比赛时给每人提供一支10 mL容量瓶，让选手将母液稀释到一个中间浓度，最终配成基质标品。比赛中需要将浓度为10 μg/mL的母液稀释到1 μg/mL，再配置成0.1 μg/mL的上机基质标。

5.原始记录部分

主要问题为数字的有效位数。移液管移取和刻度试管定容，均应精确到小数点后两位，即移取10.00 mL，定容到5.00 mL。因此结果计算时存在同样的问题。NY/T 761—2008中规定当浓度＜1 mg/kg时保留两位有效数字，所以最终结果取平均值时应为两位有效数字，三个平行样的浓度就应该填写三位有效数字，以便在计算平均值时进行修约。有机磷定量考核分析表见表8-3。

表8-3　有机磷定量考核评分表

考号：　　　　　　　　　考生：　　　　　　　　所属区县：

<table>
<tr><td>序号</td><td>评分类别</td><td>现场操作评分标准</td><td colspan="4">试验操作得分</td></tr>
<tr><td rowspan="17">1</td><td rowspan="17">实验操作</td><td>安全防护基本知识</td><td colspan="4"></td></tr>
<tr><td>器具的完整性检查</td><td colspan="4"></td></tr>
<tr><td>样品称量的天平使用</td><td colspan="4"></td></tr>
<tr><td>样品称量操作规范</td><td colspan="4"></td></tr>
<tr><td>加标操作规范</td><td colspan="4"></td></tr>
<tr><td>加标移液管使用</td><td colspan="4"></td></tr>
<tr><td>量筒使用</td><td colspan="4"></td></tr>
<tr><td>匀浆</td><td colspan="4"></td></tr>
<tr><td>称量操作规范</td><td colspan="4"></td></tr>
<tr><td>具塞量筒使用</td><td colspan="4"></td></tr>
<tr><td>移液管使用</td><td colspan="4"></td></tr>
<tr><td>水浴</td><td colspan="4"></td></tr>
<tr><td>烧杯润洗</td><td colspan="4"></td></tr>
<tr><td>洗脱液定容</td><td colspan="4"></td></tr>
<tr><td>整个实验过程安排合理，科学紧凑，时效性强</td><td colspan="4"></td></tr>
<tr><td>良好的实验操作习惯</td><td colspan="4"></td></tr>
<tr><td colspan="5" style="display:none"></td></tr>
<tr><td rowspan="5">2</td><td rowspan="5">原始记录、结果计算</td><td>记录\结果评分标准</td><td colspan="4">记录\结果得分</td></tr>
<tr><td colspan="5">具备计量认证知识、原始记录填写、计算符合规范要求</td></tr>
<tr><td colspan="5">浓度、回收率计算过程</td></tr>
<tr><td>重复性评价</td><td>RSD≤2%</td><td colspan="2">2%＜RSD≤10%</td><td>RSD＞10%</td></tr>
<tr><td>加标回收率符合要求</td><td>90%~110%</td><td>80%~120%</td><td>70%~130%</td><td>＜70%，＞130%</td></tr>
</table>

评分人：　　　　　　　　复核人：　　　　　　　　监督人：

第九章　检验报告的撰写

检验检测报告是检验检测机构最终的产品，应该准确、清晰、明确、客观地出具检验检测结果，符合检验检测方法的规定，并确保检验检测结果的有效性。检验检测机构及其人员应当对其出具的检验检测报告负责，依法承担民事、行政和刑事法律责任。

检验是基于测试数据或者其他信息来源，依靠人的经验和知识，对测试对象是否符合相关规定进行判定的活动，其输出为判定结果。

检测是依据相关标准和技术规范，使用仪器设备，在规定的环境条件下，按照相应程序对测试对象的属性进行测定或者验证的活动，其输出为测试数据。

检验检测报告包括以下六个部分：

（1）检验报告正（副）本。

（2）委托单（抽样单）。

（3）任务通知单。

（4）样品流转单。

（5）检测原始记录。

（6）图谱。

一、检验报告的编制

原始记录上交后，报告编制人员编制检验报告，其格式应符合自身体系文件的要求，检验报告应准确客观地报告检测结果，并与委托方要求和原始记录相符合，检验报告中所列栏目应全部填写清楚、齐全，要留有备注栏，不能有空格，如有空格应用“—”填写。报告编制完成经检查无误后，在报告的制表人处签字，交报告审核人进行审核。

释义及注意事项：

检验检测机构应准确、清晰、明确和客观地出具检验检测报告，可以书面或电子方式出具。如果检验报告中含分包方所进行的检验结果，则应明确地标明（有能力分包和无能力分包），必要时可以详细说明。检验报告第一页中的检验依据是判定依据，不能填写检测依据。检测报告第二页的检测项目和检测方法应写明检测标准。环境条件一栏建议填写“符合检测要求”。

二、检验报告的审核

报告编制完毕，应由审核人员认真审核，审核内容包括：检验报告是否完整、与原始记录是否一致、项目是否齐全、结论判定是否准确，还包括计量单位、检验类别和报告形式是否正确，报告的封面和内容是否填写齐全等。

检验报告经审核无误后，在报告的审核人处签字交授权签字人。

三、检验报告的批准

机构授权签字人负责对检验报告批准签发，对结论用语的准确性类别和签署是否符合要求进行审核，审核无误后，在报告的批准处签字，并填写签发日期。

释义及注意事项：

1.监督抽查在实施之前已有明确的判定标准和依据，而且已确定的检测项目均应视为强制性指标。实施监督抽查是通过对产品进行抽样检验的方式进行的。因此，还应涉及所抽产品的技术与批次。

检验的全部项目均符合判定标准规定者，可用：该批（次）产品经检验，依据×××（标准或实施细则的全代号或名称，以下同）规定，判为合格品。

检验的项目中，只要有不符合判定标准规定者，可用：该批（次）产品经检验，依据×××（标准或实施细则的全代号或名称，以下同）规定，判为不合格品。

检验的项目中有低于产品标识规定等级判定标准规定，但符合低级别质量指标者，亦应用上述两条的表述，不过应在报告的备注栏中附加说明：该批（次）产品，符合×××中×级产品规定。

2.委托检验按照有关委托任务确定的检验依据进行符合性表述。因此，无论所检项目多少，只要有明确的判定指标规定，均应在检验结论中对其符合与否予以说明。

若委托检验是由委托方送样，其检验检测数据、结果仅证明样品所检验检测项目的符合性情况。若是由机构抽样检验，则应对所抽的批次负责。

按标准规定全项检验均符合者，可用：该送检样（产）品经检验，符合×××的规定。

按标准规定全项检验，有部分指标不符合者，可用：该送检样（产）品经检验，××、××（不符合项名称，以下同）不符合×××的规定。

按标准规定仅对部分项目检验，全部符合者，可用：该送检样（产）品经检验，所检项目均符合×××的规定。

按标准规定仅对部分项目检验，有不符合项者，可用：该送检样（产）品经检验，所检项目中××、××不符合×××的规定。

若为委托抽样检验，则上述表述的开头应改为“该批（次）产品……”，只提供检测依据而无判定依据的委托检验，结论为“不作结论”。

3.仲裁检验通常是依据争议双方的合同或协议中有关产品的质量指标规定或生产该产品时所执行的有效标准进行。其检验结论用语必须对所涉及的有关批量产品或货物是否符合质量要求作出明确结论。

对于由机构抽样检验者可用：该批产品经检验符合（或不符合）×××（双方的合同、协议或生产该产品时所执行的有效产品标准）规定。

4.对送检产品则应将开头的表述改为："该送检产（样）品……"，并在备注栏注明"检验检测数据和结果仅对收到的样品负责"。

四、检验报告的盖章

检验报告经三级审核签名后，检验报告应按要求加盖资质认定（和/或机构考核）等标识和检验检测专用章，公章可以代替检验检测专用章。建议检验检测专用章包含五角星图案，形状可为圆形或者椭圆形。

释义及注意事项：

1.RB/T 214中规定"检验检测报告或证书的唯一性标识（如系列号）和每一页上的标识，以确保能够识别该页是属于检验检测报告或证书的一部分，以及表明检验检测报告或证书结束的清晰标识"。

2.检验检测机构应准确、清晰、明确、客观地出具检验检测报告或证书：

（1）检验检测依据正确，符合客户的要求。

（2）报告结果及时，按规定时限向客户提交结果报告。

（3）结果表述准确、清晰、明确、客观，易于理解。

（4）使用法定计量单位。

3.检验检测报告证书应该有唯一性标识。检验报告的六个组成部分需要有编制系列号，以证明该部分是检验报告的一部分。

4.检验检测报告或证书应当有签发（批准）人的姓名、签名或等效标识。可采用三审制度，即有编制、审核、签发（批准），也可只需签发（批准）。编制、审核、批准就是职务，没有必要再要求在编制、审核、签发（批准）人后加授权签字人、技术负责人等。编制、审核、签发（批准）人可以用手签、盖章、电子签名等多种形式，但是要在机构文件中有规定。

5.报告上要求有三个日期：样品的接受日期或者抽样日期；检验检测日期；报告或证书的签发日期。

6.检验检测机构公章可替代检验检测专用章使用（国认实〔2018〕12

号），也可公章与检验检测专用章同时使用。

7.获得资质的标识加盖在检验检测报告或证书封面上部适当位置。检验检测专用章加盖在检验检测报告或证书封面的机构名称位置或者检验检测结论位置，两页以上报告要加盖骑缝章，骑缝位置也应加盖检验检测专用章。

五、发放与归档

检验报告出具正本和副本各一份，正本交委托方，报告发放应有记录，副本与原始记录整理归档保存。

释义及注意事项：

检测原始记录应包含足够的信息，以保证其能够再现。至少包括样品名称、编号、检验方法、检测日期、检测地点、环境因素（必要时）、使用主要仪器设备、仪器检测条件、检测过程与量值计算有关的读数、计算公式、精密度要求等。

1.原始记录信息要全，要能反映出检测过程中的各个环节，要能再现和追溯。仪器测定条件要写出。原始记录应包括检测的全部原始观察记录和计算，如果检测活动超过一天，检测日期应写明起始日期和终止日期。检验报告中写发布日期。

2.检出值的有效数位应与检测方法标准规定的一致，如无规定，凡是涉及安全指标的，要比限量值多一位数位。原始记录的编制要符合我国法定计量单位的要求。原始记录中应写明标准工作溶液编号。如果检测结果为未检出，应写出小于方法检出限。因为方法检出限与称样量和定容体积有关，因此在得出未检出结果时，应按照方法标准操作。色谱类原始记录要有相对保留时间（定性）和峰面积（定量）的信息。质谱类原始记录除含色谱类的要求外，还应有离子峰度比（定性）的信息。

3.仪器工作条件。原子吸收原始记录，要写明仪器条件，如：波长、灯电流、狭缝宽度、干燥温度、灰化温度、原子化温度等信息；原子荧光原始记录，要写明仪器条件，如：负高压、空心阴极灯电流、原子化器温度、高度、载气流速、屏蔽气流速等信息。色谱的原始记录应写明相对保留时间以便定性，同时要写明各组分峰面积以便定量。气相色谱原始记录，要写明仪器条件，如：色谱柱规格和型号、检测器温度、进样口温度、色谱柱温度、进样方式、进样体积、载气类型、载气流速等信息。液相色谱原始记录，要写明仪器条件，如：色谱柱规格和型号、色谱柱温度、检测器类型、检测波长（紫外、荧光）、流动相、流速和进样体积等信息。

4.计算公式。在原始记录中，应列出计算公式，对于计算公式，国家标准中有规定，即公式中只允许使用量的符号，不允许使用文字或单位符号。计算公式要使用量关系式，不要使用数值关系式。量关系式表示量之间的关系，与单位的选择无关。按国家标准规定，在量关系式中，不允许包含或暗含特定单位。

5.结果报告。当测定结果小于方法检出限时报告为未检出，同时写出小于方法检出限；当测定结果大于方法检出限且小于方法定量限时，报告为定性检出，同时写出小于方法定量限。当测定结果大于方法定量限时，报告定量结果。检验报告中的检测数据应与原始记录一致，数值修约应在原始记录完成。

1.农残检测检验报告参数的填写

农残检测检验报告检测参数的填写应注意，检测参数和检测结果上报参数不一定一致。

（1）如果农残检测参数没有代谢产物，或残留物是同分异构体、对映体、没有以某种化合物表示时，检测结果按照GB 2763中规定的残留参数报告（也就是标准中的黑体字）。

如：检测参数是氯氰菊酯（检测方法中的参数），实际检测的是氯氰菊酯异构体（4个峰），残留物定义是氯氰菊酯（异构体之和），上报结果是氯氰菊酯和高效氯氰菊酯。

（2）如果农残参数有代谢产物，并以某种化合物表示时，检测结果按表示的化合物报告。

2，4-滴异辛酯：残留物定义是2，4-滴异辛酯和2，4-滴之和，以2，4-滴表示，计算时将2，4-滴异辛酯按分子量折算成2，4-滴，二者结果相加，上报结果是2，4-滴。

福美双：残留物定义是二硫代氨基甲酸盐（或酯），以二硫化碳表示，上报结果是二硫化碳。

甲基硫菌灵：残留物定义是甲基硫菌灵和多菌灵之和，以多菌灵表示，计算时将甲基硫菌灵按分子量折算成多菌灵，二者结果相加，上报结果是多菌灵。

如果残留物是某某之和，其结果是直接将其加和。

如果残留物是某某之和，但以某种化合物表示，就要将另一残留物按分子量折算成以某种化合物的量，然后再进行加和。

如果残留物是异构体之和，直接将异构体结果直接加和。

目前GB 2763中规定的方法，还不能区分手性农药（对映体），检测的还是总量。

2.检验报告及相关原始记录应独立归档

内容包括检验报告、抽样单、样品委托单、检测任务单、原始记录及与其相关联的图谱或仪器测试数据等，档案中还应包括样品流转记录。独立归档是指分别订装，不是分别放置在不同档案中。为查阅方便，检验报告和相应原始记录应放在一起。

3.对记录的修改应规范

原始记录原字迹应清晰可辨，并有修改人的盖章。原始记录必须由检测者在现场亲自填写，不得事后追记。一个检测项目有两个或两个以上操作人员时，应由主检人担任记录，名字签在首位（一般为检测人），参与检测人员签名（一般为校核人）。原始记录可以盖章，人员标识包括普通印章或手签章，或可以在第一页和最后一页签名，并在签名后注明签名负责的范围（如第×页、共×页）。记录应规定用钢笔或签字笔填写齐全，字迹清晰、整洁、工整。空白栏目应按程序文件规定的符号（如“—”号）划去或加盖“以下空白”章，不应使用铅笔或圆珠笔。记录的修改按机构程序文件中的规定执行。一份完整的原始记录，更改不能超过三处。废除数据应保持能看清原字迹，不得就字涂改，也不准用涂抹办法废除原数据。原始记录一般不能重抄，如果需要重抄，必须经检测技术部门主任批准，并将原件与誊写件一并提交。

附录1

实验室档案清单

一、总体要求

机构所有的记录、证书和报告做到分类管理、安全贮存。

要规定不同文件保存的期限，如标准为长期保存，检验报告和原始记录保存期应不少于六年。所有记录都应有文件控制号，作为质量体系文件的一部分。

所有的档案都应分类管理，每类档案都应有相应的编码。

每一盒档案都要有档案目录，盒内的每份文件都应有编号，每盒中所有文件都应有顺序号。

所有记录、证书和报告都应安全储存、妥善保管并为客户保密。所有质量记录和原始观测记录、计算和导出数据、记录以及证书（证书副本）等技术记录均应归档并按适当的期限保存。

二、档案类型

（1）人员档案。身份证（护照）复印件；人员教育证明（最高学历）；人员资格证明；职称证明；人员培训材料，包括培训记录和评价结论；上岗考核材料，包括法律法规、专业基础理论知识实验室安全、承担项目上岗操作考核原始记录；人员能力确认表；上岗批准授权文件、上岗证，包括可承担的检测项目和可操作的仪器设备名称；内审员、质量监督员、授权签字人、提出意见和解释人员授权文件；质量监督的记录；合同书；个人承诺书。

（2）仪器档案。仪器基本信息表：仪器设备名称、制造商名称、型号规格、序号、出厂号或其他唯一性识别、接收日期和启用日期、目前放置地点、接收时的状态（例如新的，用过的或改装过的）；仪器购置、验收、调试记录；仪器设备使用说明书（或复印件）；历次检定（校准）证书及确认报告；期间核查规程、记录；仪器使用或维护记录；仪器维护计划；仪器损坏、故障、改装或维修记录。

（3）培训档案。年度培训计划，包括培训的目的、时间、频次、内容、人员、方式，以及培训效果的评价和培训资源的配置等；培训签到表；培训记录和培训效果评价记录；年终培训总结；质量控制档案；年度质量控制计划，包括样品类型、时间、项目（参数）、人员、方法、评价标准等，项目应涵盖申请能力范围内的全部检验检测项目类别，要写明日常质量控制的方法和要求；质量控制记录和评价记录；年终质量控制总结。

（4）内审档案。内审方案；内审实施方案；内审签到表；内审通知单；内审检查记录表；内审不符合项报告表；内审报告。

（5）管理评审档案。管理评审方案；管理评审实施方案；管理评审签到表；管理评审通知单；管理评审检查记录表；管理评审不符合项报告表；管理评审报告。

（6）标准物质档案。标准物质一览表；标准物质领用记录；标准溶液配制记录；标准溶液配制记录；标准物质期间核查记录。

（7）试剂耗材验收档案。试剂耗材验收记录，包括原始记录（图谱）和结论。

（8）供应商、服务商档案。合格供应商、服务商档案；供应商营业执照；服务商资质证明和能力范围；对供应商、服务商的评价记录，包括评价结论。

（9）试剂、耗材购买、登记和领用档案。试剂、耗材购买申请；试剂、耗材入库登记单；试剂、耗材验收记录；试剂、耗材领用记录。

（10）易制毒、危险试剂购买、登记和领用档案。易制毒、危险试剂购买申请；出入库登记单；领用、销毁记录。

（11）质量监督档案。质量监督计划，包括监督的内容、频次和时间、被监督的对象、监督方式、记录和评价的要求等；质量监督记录；不合格项报告表。

（12）检验报告档案。检验报告和相应的原始记录应放在一起归档。委托单（抽样单）；任务通知单；样品流转单；检测原始记录；图谱；检验报告（副本）。

（13）机构设置、人员任命档案。机构设置批准文件；机构负责人任命批准文件；法人委托书（非独立法人单位）；技术负责人、质量负责人任命文件；内审员、质量监督员、授权签字人、提出以及和解释人员授权文件。

（14）上级部门下达任务制定抽样方案档案。

（15）样品制备记录档案。

（16）检验方法标准验证档案。验证原始记录及图谱。

（17）不确定度档案。各类检测项目不确定度案例。

（18）标准档案。各类技术标准和规范。

（19）文件档案。上级下发的与本机构直接有关，需要贯彻执行的指示、规定、法规；机构工作中形成、反映机构的职能活动，发展情况的文件材料。

附录2

一、县、乡、企三级农产品质量安全检验检测机构建设标准

机构	面积要求	人员要求	仪器设备要求	能力要求
县级	使用面积470 m^2及以上，其中，快速检测室面积30 m^2及以上。	参照《县级农产品质量安全监督检测机构建设标准》（NY/T 2245—2012）。	样品前处理设备［包括制样设备、冰箱、冰柜、烘箱、马弗炉、pH计、电子天平（至少1台为万分之一）、消解设备、离心机、氮吹仪、旋转蒸发仪、固相萃取装置等］。大型通用分析仪器［包括酶标仪、紫外-可见分光光度计、原子荧光、原子吸收（石墨炉+火焰）、气相色谱（至少配备ECD、FPD检测器）、液相色谱（至少配备UV、FLD检测器）］。快速检测仪器设备（农药残留快速检测仪、胶体金卡读取仪等）；其他常规小型设备；有条件的可配备流动检测车。	具备农产品禁限用农兽药残留的定量检测和快速检测能力，兼顾对本区域乡镇及企业快速检测的技术指导。
镇街	15 m^2及以上	技术人员和管理人员总数2人及以上，应经培训、考核合格后上岗。	包括实验台、快速检测设备和辅助设备（以胶体金快速检测为主，兼顾37 ℃恒温检测的酶抑制法等，具有上传检测结果的智慧监管平台、打印合格证、数据防造假、检测卡兼容等功能）以及必要的办公设施等。	具有精准识别具体农兽药残留、污染物等常见检测项目的能力。
企业自检	10 m^2及以上	技术人员和管理人总数1人以上，应经培训、考核合格后上岗。	包括实验台、快速检测设备和辅助设备（以胶体金快速检测为主，兼顾37 ℃恒温检测的酶抑制法等，具有上传检测结果的智慧监管平台、打印合格证、据防造假、检测卡兼容等功能）以及必要的办公设施等。	可满足与企业生产相适应的自检需要。

二、县级农产品质量安全检测机构设备配置清单及功能要求

类别	序号	项目名称	数量	单位	功能要求	说明
基础设施配置	1	冷藏冷冻设备（冷藏箱和冰箱）	3	台	贮存样品	
	2	天平（包括百分之一天平、千分之一天平和万分之一天平等）	3	台	称量	
	3	干燥设备（真空干燥箱、烘箱和马弗炉等）	2	台/套	干燥物料	
	4	制水设备（纯水器和超纯水器等）	1	套	提供超纯水	
	5	其他设备（超声波清洗器、微量移液器、紧急喷淋装置和冲眼器等）	—	台/套	—	
检测设备配置	1	石墨炉原子吸收分光光度计	1	套	元素的测定	
	2	原子荧光光度计	1	套	元素的测定	
	3	气相色谱仪	1~2	套	药物残留的测定	
	4	液相色谱仪	1~2	套	药物残留的测定	
前处理配置	1	分样器、样品粉碎及研磨设备	—	—	样品制备	
	2	消解装置	—	—	样品前处理	
	3	离心机	—	—	样品前处理	
	4	氮吹仪	—	台	样品前处理	
	5	旋转蒸发仪	—	—	样品前处理	
	6	固相萃取装置	—	—	样品前处理	

续表

类别	序号	项目名称	数量	单位	功能要求	说明
现场快速检测仪器设备	1	农药残毒速测仪	3	台	农药残留快速检测	
	2	兽药残留检测仪	2	台	兽药残留快速检测	
	3	生物毒素速测仪	2	台	生物毒素快速检测	
	4	土壤测试仪	1	台	土壤养分的测定	
	5	农业环境现场监测仪器设备	2	台	农业环境快速检测	
	6	乳成分测定仪	1	台	乳成分快速检测	
	7	其他快速检测仪器设备	3	台	—	
	8	流动检测车	1	台	配备必要的快速检测仪器设备	
其他仪器设备	1	紫外可见分光光度计	1	套	常规分析	
	2	pH计、电位滴定仪	4	套	—	
	3	酶标仪	1	套	兽药残留快速检测	
	4	其他常规及小型仪器设备	3	台/套	—	
	5	硬度计、糖量仪、游标卡尺等	—	—	品质测定	
交通工具	1	采样车	1	台	用于样品采集等	

三、镇街农产品质量安全监管站设备配置清单及功能要求

类别	序号	项目名称	数量	单位	功能要求	说明
基础设施配置	1	农产品质量安全检测一体机	1	台	1.具备采用酶抑制法（分光光度法）检测果蔬中有机磷及氨基甲酸酯类农药残留功能，仪器对照与检测功能可同步进行，每个检测通道可单独进行计时控制，也可以多通道同时测试，满足不同熟练程度的检测员使用；2.具备采用胶体金方法检测畜产品、水产品中药物残留的检测功能。	配备1或者2+3，满足多种药物残留检测能力
	2	农产品质量安全检测仪	1	台	具备采用酶抑制法（分光光度法）检测果蔬中有机磷及氨基甲酸酯类农药残留功能，每个检测通道可单独进行计时控制，也可以多通道同时测试，满足不同熟练程度的检测员使用。	
	3	多参数农药残留检测仪	1	台	具备采用胶体金方法检测农产品中重点农兽药残留的功能。	
	4	追溯专用电脑	2~3	台	追溯专用，根据质量安全监管站人员数量进行配置。	必配
	5	移动终端+便携式打印机	1	套	1.支持扫描农业企业二维码显示被采样企业主体信息，支持手工录入；2.支持现场拍照上传及被采样单位手工签名；3.采样单数据需自动上传到上级追溯系统；4.可针对散户抽检合格结果，通过便携式打印机打印电子合格证；5.设备在用状态实时同步到上级追溯系统。	必配
检测设备配置	1	检测工作台	1	台	检测专用，根据质量安全监管站面积定制。	根据镇街监管站设备情况确定是否配置
	2	通风橱	1	套	带水槽通风橱。	
	3	样品浓缩仪	1	台	样品浓缩提取。	
	4	样品粉碎机	1	台	组织样粉碎处理。	

续表

类别	序号	项目名称	数量	单位	功能要求	说明
前处理配置	1	电子天平	1	台	样品称量。	根据镇街监管站设备情况确定是否配置
	2	制水机	1	台	检测用水过滤。	
	3	离心机	1	台	样品离心前处理。	
	4	水浴锅	1	台	样品加热。	
	5	旋涡混合仪	1	台	样品混匀处理。	
	6	超声波清洗机	1	台	实验器具清洗。	
	7	检测工具箱	1	套	检测耗材（包括移液枪、玻璃器皿等低值易耗品）。	
	8	试剂冷藏箱	1	台	检测试剂保存。	
	9	空调	1	台	检测室专用。	
	10	监控摄像头	1	台	追溯专用。	
	11	网络硬盘录像机	1	台	追溯专用。	
	12	工业级专用硬盘	1	块	追溯专用。	
	13	监控显示屏	1	台	追溯专用。	
	14	交换机	1	台	追溯专用。	
	15	打印复印一体机	1	台	追溯专用。	
	16	LED公示屏	1	台	检测信息公示公告。	
	17	网络专线	1	条	保障追溯系统及监控视频正常使用的宽带资源。	
	18	交通工具			监管、采样工作专用。	